AF532474

La substance noire ou le Locus Niger

Christine Simonet-Vermet

La substance noire ou le Locus Niger

Roman

LE LYS BLEU
ÉDITIONS

ISBN : 979-10-377-6242-9

Chère Christine, quelle histoire ! Vous ne manquez pas d'imagination.

Amélie Nothomb

Préface

Lorsque ma mère m'a demandé d'écrire la préface du livre que vous vous apprêtez à lire, j'étais sceptique.

D'une part, je pense n'avoir aucun talent d'écrivaine. D'autre part, ma vie est une course permanente contre la montre où je ne prends jamais le temps de lire.

Voyant que cela lui tenait particulièrement à cœur, j'ai fini par accepter. Je dois dire que j'ai été étonnée d'être totalement embarquée dans le récit, au point de l'avoir lu d'un bout à l'autre sans jamais poser le manuscrit.

C'est son tout premier livre et si elle en écrivait un autre, je pourrais dire sans en connaître l'auteure, que c'est elle, ma mère, qui a écrit ces mots. Elle a son style propre, composé d'humour et de sensibilité, employant des figures de style et néologismes qu'elle affectionne.

Son écriture lui ressemble, dynamique, et nous conduit tantôt dans des réflexions torturées, tantôt dans l'action.

Coco nous entraîne dans des moments marquants de sa vie, ses voyages, ses amours, évoquant en parallèle de sombres et mystérieux meurtres.

Nous rencontrons de nombreux personnages au fil des pages. Quel lien peut-il y avoir entre eux, me demanderez-vous ?

Je vous laisse le découvrir…

Jessica Silvestre

Je suis infidèle : je délaisse parfois la mer pour la campagne. Je ne suis pas raciste : j'aime les gaufres et les crêpes.

Je suis instable mais je me suis racheté une conduite : pour éviter de tomber, je me tiens à la rambarde dans les escaliers.

Je ne peux pas me comporter comme ce que la plupart des gens attendent de moi, faire comme si, être comme ça.

C'est possible quand je suis droguée sous Escitalopram. Alors, c'est le calme plat, l'absence de réactivité, de ressentis ou d'émotions. Fuir est un moyen comme un autre de me débarrasser des épreuves que j'aurai du mal à gagner.

A contrario, quand je prends la décision de me retrouver face à moi-même, sans antidépresseurs, alors je suis authentique. Je me déverse dans un moule duquel je déborde. Je laisse ma souffrance dans les chaussettes comme le sable au fond de l'eau.

Je fais les montagnes russes, je me débats avec toutes mes contradictions, ma sensibilité à fleur de peau, mes démons.

Voilà qui je suis. Je n'irai pas jusqu'à dire que je m'accepte, mais je me supporte.

De temps à autre, je m'emboissonne. Je vis avec mes forces et mes faiblesses. Je fais le yoyo avec mes sentiments, mon état d'esprit, mes états d'âme.

Mon âme, parlons-en ! *François Cheng* exprime en quelques formules l'unicité et la spécificité de l'âme et de l'esprit : l'esprit raisonne, l'âme résonne, l'esprit se meut, l'âme s'émeut. L'esprit communique, l'âme communie. Ces pistes sont matière à réflexion.

C'est déjà l'heure du bilan de plus de la moitié de ma vie. Le temps que je n'ai pas vu passer s'inscrit physiologiquement dans mon corps et fantasmatiquement dans mon esprit car je vais être grand-mère. C'est un peu comme si j'allais me métamorphoser : j'apprends à tricoter, à coudre. J'endosse mon rôle, je me vêts de mon costume, dans le même temps que ma fille de 29 ans se transforme et se meut dans sa magnifique robe de maternité.

Voilà ce que je pense.

Je m'appelle Corinne mais tout le monde m'appelle Coco. Physiquement, je suis plutôt banale, de taille moyenne, avec une silhouette assez mince. J'ai des cheveux mi-longs, châtains avec des mèches claires, des yeux marron. Je n'ai pas trop de dents dans la bouche comme Romain Duris, mais elles ressembleraient davantage à celles de Fernandel qu'à celles d'Aznavour. Si cela me complexe ? Je ne pense pas. Ce sourire me donne même un certain charme. J'ai quelques traits négroïdes, surtout les mains. Sans doute originaires de ma naissance dans l'hémisphère Sud.

Voilà ce à quoi je ressemble.

Mon existence est loin d'être comme un roman de Murakami, passionnante, au point que je ne veux pas en connaître la fin.

Néanmoins, quand j'arriverai à la dernière page, je me serai tellement attachée aux personnages que je ne voudrai pas les quitter.

Qu'y a-t-il de plus à dire à mon sujet ? Que je suis ce qu'on appelle, « la chèvre » en référence à ce fameux film comique. Ceux et celles qui me côtoient pourraient attester que de nombreux incidents me sont destinés, sans gravité mais fréquemment cocasses. Cela est même totalement inhérent à ma personnalité. Par exemple, partir en voyage avec moi c'est assurément s'exposer à des surprises, des imprévus, des péripéties, des éclats de rire, et des pipis culottes.

À ce propos, je voyage tant que je le peux, partir et revenir, c'est ma façon de rêver.

Hola, buenas tardes ! Je rentre dans l'avion. Les nuages passent au-dessus de Madrid vue du ciel. De nuit, elle est si fine et effilée qu'on jurerait de l'orfèvrerie.

Voici Lisbonne, comme un collier de perles scintillant dans l'obscurité. Les yeux dans le vague du hublot flou, je ressens un mélange d'ennui et de désespérante plénitude.

Ce matin même où mon avion atterrit au Portugal, dans une chambre d'hôtel de La Bourboule, une vie est brisée. Jessica Silvestre est retrouvée presque morte. Nous n'avons pas la même destinée. Elle a été violée plusieurs fois, sans brutalités autres que celles occasionnées par sa défense.

Elle a été trouvée par le room service à qui elle avait commandé un petit déjeuner dans sa chambre la veille. Il a appelé les secours et Jessica a été amenée à l'hôpital.

Que s'est-il passé ? Comment cette jeune femme s'est-elle retrouvée ici ?

Signification sacrificielle

J'ai un fils de vingt-trois ans nommé Clément. Nous nous ressemblons beaucoup, entravés psychologiquement dans nos choix et nos décisions, dans ce schéma envahissant d'instabilité.

Même physiquement, ne lui en déplaise peut-être, c'est un « mini- moi » d'après mes amis. Il est brun avec de beaux yeux sombres, arbore un sourire semblable au mien et ses expressions de visage sont très proches des miennes également. Il mesure un mètre quatre-vingt-deux, est mince à l'image de son père. Il a beaucoup de charme et cela lui est propre. J'admire sa personnalité, son intelligence. J'en suis d'autant plus fière que je l'ai élevé quasiment seule depuis mon divorce, alors qu'il avait à peine trois ans, et jusqu'à ses vingt ans.

Sans doute de ce fait, nous avons des discussions sincères, intimes, liées à une complicité qui nous donne l'occasion de partager presque tout ce que l'on a sur le cœur. J'adore notre relation !

À mon retour en France, nous passons un moment ensemble. Clément, qui souffre d'un chagrin d'amour, concocte des remèdes pour son mieux-être. Il pratique le miracle Morning. J'essaie aussi, avec moins d'assiduité que lui.

Comme un malheur n'arrive jamais seul, et si l'on peut mettre sur un même plan la douleur d'un amour perdu avec celle d'un être cher, j'apprends le décès de la mère de mon beau-frère. Il s'agit de souffrance dans les deux cas, deuil pour deuil.

La mort qui me fait si peur et que j'ai tant de mal à accepter a frappé à la porte voisine. J'ai senti l'urgence de proposer à Nadine qu'elle participe, avec toute la famille, à ce qui serait, inexorablement décidé par son destin, son dernier repas de Noël. Et depuis qu'elle s'en est allée paisiblement, tenant dans chaque main un de ses amours, son fils et sa compagne, je ne me suis jamais sentie aussi proche d'elle. Je l'accompagne par la pensée.

Je sais que même si le destin n'a pas rendu possible le fait que je puisse être présente à ses obsèques, elle me fait un petit clin d'œil et un sourire en coin pour me dire qu'elle peut tout voir maintenant d'où elle est, dans l'infiniment grand où elle se trouve. Nous ne sommes toutes les deux que de simples grains de poussière. Et même si c'est une évidence de le dire, la mort est une délivrance lorsque la vie se résume à être nourrie par une sonde et privée de parole et de mouvements. En outre, cette entrave a rendu plus forte mon amie, elle qui se faisait si discrète tout au long de sa vie. C'est elle qui menait la danse silencieusement, avec son regard complice, lors de mon soliloque la dernière fois que l'on s'est vues. Elle s'apprêtait à retrouver sa fille et une grande partie de sa famille.

Quelques jours après ce triste événement, j'ai passé une IRM pour un problème à l'épaule, et j'ai paniqué.

Inconsciemment, j'ai établi un parallèle entre le tunnel qui conduit, paraît-il, à l'au-delà et cette machine qui nous glisse à l'intérieur d'un immense appareil photo.

J'ai tremblé comme une feuille sous l'effet d'un mistral d'automne. J'espère que lorsque l'on franchit le seuil de la porte qui sépare le monde des vivants de celui des morts, c'est moins bruyant, moins effrayant et moins froid !

Je patientais dans une salle en attendant que l'on m'appelle pour cet examen, quand, sur la petite table qui se trouvait devant moi, j'aperçu un journal qui s'intitule *La Provence*. Un article a attiré toute mon attention : en réalité, ce n'était pas tant le texte lui-même mais plutôt la photo qui l'illustrait.

En effet, on y voyait un corps de femme, jeune, à demi nue.

Chaque millimètre de son corps était recouvert d'un tatouage, flouté sur la photo, mais dont les contours révélaient des boursouflures rougies par l'aiguille ! Comme cela a dû être douloureux, quelle horreur !

Le texte accompagnant ce fait divers faisait état d'une femme nommée Jessica Silvestre, 27 ans, habitant la banlieue parisienne. Elle était en déplacement pour son travail à Marseille et avait été retrouvée au petit matin, inanimée dans sa chambre d'hôtel. Les premiers examens médicaux révèlent qu'elle aurait été violée à plusieurs reprises cette nuit-là, et qu'une ou plusieurs personnes l'auraient tatouée sous la contrainte en la ligotant avec des cordes.

Elle aurait perdu connaissance suite à la douleur infligée sans relâche, pénétrant tous les pores de sa peau.

Dans une moindre mesure évidemment, dans le même temps, la chèvre blanche, de mon amie Mademoiselle Seguin, a été attaquée par trois gros chiens sauvages. Elle est en lambeaux, recousue de nombreux points de suture à différents endroits de son corps. J'apprends le lendemain qu'elle est morte de ces profondes morsures. Pourquoi y vois-je une signification sacrificielle ?

J'ai repensé à Jessica. A-t-elle survécu à ce drame ?

Cette histoire m'a traumatisée et je ne peux cesser d'imaginer cette scène sordide.

Les pâtes au beurre

Et l'amour et la tendresse dans tout ça ?

Ma trentaine sentimentale est marquée par un texte de 1992, « Ma puce », composé par Richard Galliano et Allain Leprest, poète-parolier magistral et chanteur français, chanson qui personnifie l'Amour, par des néologismes, surtout des verbes inventés, qui résonnent clairement en moi : « C'est pour ça, toi et moi on s'inverse, on se boit, on se feu d'artifice, on s'brûle, on s'égoïste, on se parle du doigt, on s'embarbe à papa, des fois on s'papyrus, Ma puce. »

J'aime les chansons françaises, chansons à texte, et j'en compose moi-même pour réveiller mes émotions les plus enfouies.

Sur ces belles paroles, je vous présente François, ma bouffée d'oxygène, mon coup de cœur, mon âme sœur. Ce n'est pas mon compagnon de vie, celui avec qui je partage le quotidien, celui qui connaît mes amis, ma famille. Non, il n'est pas celui-là. Il est La personne avec laquelle je suis à l'aise, celui qui partage les mêmes valeurs que moi. C'est à son propos que j'ai envie d'écrire en premier lieu. Il est en quelque sorte mon amoureux, mon chéri.

Il est très sensuel, possède un magnifique regard et un sourire enjôleur. J'aime ses cheveux bruns et bouclés quand il les porte à mi-longueur, leur épaisseur, leur délicieuse odeur et leur douceur.

J'aime son sexe aussi, je dois l'avouer, quand il se fait tendre et séducteur, et qu'il me caresse le clitoris ou me pénètre lentement. Je m'amuse à lui prêter des intentions, des palabres imaginaires qui font sourire ou rire F.

Mais je serais désolée et désappointée s'il pensait, ne serait-ce qu'un instant, que son pénis est l'unique objet de mon amour.

Nous nous sommes rencontrés François et moi voici environ six ans. Nous fûmes alors attirés comme le métal attire la foudre, lors d'une rencontre musicale, où chacun jouait dans son propre groupe. À la fin de nos concerts respectifs, nous avons discuté, mais les mots n'étaient qu'un prétexte pour nous rapprocher de plus en plus physiquement. Chacun de nous était accompagné d'une autre personne, qui, petit à petit, a disparu de notre champ de vision et d'écoute. Nous étions à cet instant un conglomérat d'Ocytocine. Notre histoire a duré un an.

Puis nous nous sommes séparés.

Quatre ans plus tard, la vie nous a réunis, ceints une autre fois par cet effet coup de foudre. Un fougueux baiser, les yeux dans les yeux qui riaient, debout, appuyés contre ma voiture sur un parking, non loin de la mer. Nous avons reçu un choc nimbé de la plus incroyable clarté. Nous étions faits l'un pour l'autre, enveloppés dans une sensualité puissante.

Et tu es parti, Astérix, chez les Helvètes, ou dit avec moins d'emphase, tu as trouvé un travail en Suisse.

Loin d'être indifférente à ce nouvel élan, je trouve néanmoins un certain équilibre en complément, dans la relation de couple que j'entretiens depuis plusieurs années avec Patrick.

Vous l'aurez compris, P., c'est mon compagnon de route, mon « officiel ». Il m'apporte la sécurité, me tempère dans les extrêmes. Il est prudent, sérieux, posé, raisonnable. Il est à l'opposé de moi.

Il est plutôt grand, un mètre quatre-vingt-deux, d'allure sportive, cheveux poivre et sel, un léger strabisme d'un œil. Il n'a pas de très belles dents, ne s'habille pas très bien et ne prend pas trop soin de lui. Comme ça, le portrait n'est pas ragoûtant, mais si l'on ne le regarde pas en détail, c'est un bel homme.

Il ne dégage pas de charisme ni de sensualité, donne l'impression d'être détaché de sa vie.

Nous ne faisons presque plus l'amour, ce n'est pas un centre d'intérêt pour lui, il ne recherche pas le plaisir, n'est pas généreux au lit, se concentre comme s'il se dirigeait vers l'échafaud, sur le point de prononcer un apophtegme grave ou sentencieux.

Dans ce contexte, n'est-ce pas castrateur d'interdire une union charnelle extra-conjugale alors qu'on la refuse ? Sans doute la morale judéo-chrétienne est encore très présente dans notre société archaïque.

Sur une année, nos rapports sexuels se comptabilisent sur les doigts d'une main, et même d'une main à trois doigts : une fois pendant les deux mois de vacances d'été, une fois en septembre.

L'année qui suit, nada !

Je dors mal, je suis préoccupée, anxieuse et mal dans ma peau. Est-ce qu'un couple peut tenir longtemps comme ça ? Mes nuits sont éveillées et tendues. Lui dort comme un loir, moi peu.

Lorsque je trouve quelquefois le sommeil, je m'étale dans le lit, prenant beaucoup de place sans m'en rendre compte bien sûr. C'est alors que Patrick se réveille subitement en maugréant contre moi, ce qui plombe aussitôt ma nuit. Je finis par lui dire brutalement que je subis le fait de dormir avec lui et je le pense.

Le manque de sommeil est une torture.

Avec ses deux filles aussi, les rapports sont compliqués depuis le début. En réalité, leur père n'investit pas sa relation de couple, par culpabilité du divorce peut-être, ou parce qu'il considère la plus jeune de ses filles comme l'élue de son cœur. Est-ce une forme de complexe d'Œdipe du père ? Je ne sais pas si cela existe, et sinon, c'est un concept qu'il faudrait inventer.

J'ai mis du temps à défaire mes valises chez lui, ce qui était symptomatique dès le début, d'une problématique au sein de notre relation.

Je ne suis chez moi nulle part ; je vis chez mon compagnon, dans une maison que je n'aime pas, je suis propriétaire d'une maison que j'aime et que je n'habite pas.

De ce fait, j'ai besoin d'indépendance et d'autonomie. Je lutte contre une forme de paternalisme dans lequel j'ai moi-même placé Patrick et dans un même temps, j'essaie de remédier à mon lot de dépendance affective.

L'un des points communs que nous partageons en couple est le voyage.

Après le Portugal, nous partons en Colombie. Des personnes un peu jalouses et peut-être très objectives aussi vont se dire que nous devons avoir beaucoup de vacances pour découvrir tant de pays. Oui, beaucoup ! Nous sommes tous les deux dans l'enseignement. Les matières que nous enseignons nous séparent : quelqu'un de matérialiste, rigoureux avec un raisonnement logique, en couple avec une personne plutôt idéaliste, désinvolte avec une conscience fantaisiste. Reliez une matière à une description. Bravo !

On peut parler d'un certain équilibre en déséquilibre. Et puis, au fil des années, les chemins de chacun ne vont plus dans le même sens.

Les journées de vacances en Colombie sont inégales entre découvertes et fatigue nerveuse : la gentillesse des Colombiens, les lieux surprenants, comme le Chicamocha, canyon impressionnant par son inaccessibilité et sa beauté sauvage.

Côté stress, prendre l'avion, courir tous les matins pour aller rejoindre un nouvel endroit. J'aurais dû écouter mon fils qui avait déjà fait le voyage et m'avait conseillé de rester une semaine au Nord de la Colombie près de la mer Caraïbes. C'était l'idéal pour que l'on se repose et que l'on pratique la plongée. Nous y sommes allés, mais peu de jours. Une prochaine fois peut-être, mais l'avenir nous dira que non.

Les voyages en avion sont très difficiles pour moi et pour Patrick aussi qui subit ma phobie. J'appréhende pluie, vent, nuages, trop de soleil, pas assez, une toute petite secousse. Tout cela m'effraie.

Si l'avion bouge un peu trop, je nous vois déjà nous crasher, en miettes de peau, et voilà. J'ai comme ça, d'horribles flashs de temps en temps, de personnes ensanglantées, démembrées… C'est mon truc.

Je me suis demandé si cette peur plutôt récente qu'il arrive une catastrophe vient du fait que je vais bientôt être grand-mère. Je veux connaître mon petit-fils et ma frayeur est irrationnelle. Je reviendrai sur quelques épisodes vécus, qui, sans doute, sont inscrits tellement profondément dans mon subconscient, qu'ils toquent à mon cerveau de temps en temps pour ne pas tomber dans l'oubli.

Et le karma dans tout ça ? Chaque jour m'apporte une nouvelle importante, je prends l'ascenseur émotionnel. J'ai entendu mon horoscope du jour : si l'on reste positif, on attire du positif. Cette vérité, je l'ai souvent constatée. Bouddha est sage. En d'autres termes, si parfois je m'embrouille l'esprit avec des pensées négatives, mes journées passent et viennent, pour me contredire, contester la véracité de mes fausses certitudes.

Si au contraire je pense à autrui dans la paix, alors comme si je rebondissais sur un bumper, je ressens un bien-être et du bonheur.

En cette période de Noël, j'écume les marchés. Comment résister à la magie des lumières ?

Je me promène en ville comme dans un Disney. Mais habituée aux douches écossaises, comme la plupart des gens, la réalité me rattrape à toutes jambes.

Ce matin-là où j'avais garé ma voiture pour flâner dans les rues piétonnes (douche chaude), je me fais avoir comme une bleue en zone bleue (douche froide). Pas de disque, quarante-cinq euros d'amende : « À force de voleter sans but précis, comme le fait une mouche, on finit toujours par rencontrer un rat mort ou une bouse de vache » écrivait Lao She.

Dans la soirée, la chaleur revient. Mon amie esthéticienne m'offre une petite boîte de chocolats et François m'invite à un spectacle du Boléro.

Au retour, sur le chemin qui mène chez moi, je confonds Figaro, le chat des voisins, avec un sac poubelle oublié là par inadvertance. Je ne vois pas bien la nuit dans les phares de ma voiture. J'ai failli lui rouler dessus. Fallait-il vraiment que je sois sur ma petite planète ? Les bons moments sont éphémères et furtifs.

Pour preuve, encore séparés ! Il me vient à l'esprit tout un tas de choses que j'aimerais t'écrire mais je ne le ferai pas. De simples banalités :

— Il pleut à Paris.

Ou de romantiques déclarations :

— C'est triste sans toi, j'aimerais me réchauffer dans tes bras.

Es-tu prêt à entendre ces mots, à ressentir des émotions fortes, à laisser vagabonder librement ton cœur à mes côtés ?

Tu viens de vivre une séparation imposée : recommencer à t'engager dans une relation sérieuse ? Je ne pense pas que cela compte pour toi aujourd'hui, c'est sans doute prématuré.

Je n'y crois pas pour deux raisons : la première est que tu es un loup solitaire, qui préfère s'émanciper de la meute pour passer plus de temps seul, loin des interactions sociales ; la seconde est que tu apprécies ce sentiment de solitude, sur ton territoire, photographe parmi les fleurs. Au même titre que les loups qui partagent le même territoire que les troupeaux de brebis.

Loin de ces tableaux bucoliques, je suis à Paris, dans une chambre où la penderie est mixte : les affaires de mon fils et les miennes sont suspendues. C'est trop mignon, il me semble que ça n'est jamais arrivé avant, et ça me touche.

Jessica a-t-elle des enfants ?

De retour chez moi dans le sud, je suis accompagnée de mes parents. Ce matin, comme à son habitude, mon père écoute la radio en prenant son petit déjeuner, et je prête une oreille attentive quand j'entends cette dépêche :

« La jeune Jessica Silvestri n'est plus en danger de mort, elle reprend peu à peu conscience. Un traitement lourd d'anesthésiants lui est toujours administré. Le personnel médical n'avait jamais vu une chose pareille auparavant. Le corps tatoué partout où il était possible de le faire, y compris sur le visage !

En effet, seuls les yeux et les lèvres n'ont pas été recouverts de stigmates, réalisés à l'aide d'encre noire et d'aiguilles, pour reproduire des symboles ainsi que des dessins abstraits ou réalistes. Mademoiselle Silvestre n'a pas encore vu son visage. Des psychologues se réunissent ainsi que des chirurgiens esthétiques pour envisager des solutions rapides et efficaces, afin de venir en aide à cette jeune fille, qui, en sus du traumatisme d'avoir été violée et d'avoir tant souffert, ne peut plus se reconnaître. »

Un mois de janvier sympa semble néanmoins se profiler. Pourtant cette satanée année 2020 commence par des mésaventures en ce qui me concerne. Dès le 3 janvier, j'aurais mieux fait de rester couchée. Sur le parking d'Intermarché, je me fais tire-bouchonner la portière de la voiture par un individu mal embouché, un « petit bonhomme » comme dit papa, vieux, gâteux et de mauvaise foi.

Les jours suivants, les balades prévues au programme des loisirs n'aboutissent qu'à de piquantes queues de poisson : des chemins impraticables, des sites historiques cadenassés, des magasins de délicieux gâteaux fermés exceptionnellement le jour de notre visite et pour clore le tout, pompon sur le béret d'un marin, démonstrations involontaires de dangereuses roulades avant effectuées par mon père qui voulait ramasser un papier tombé de sa poche. Nous avons la fâcheuse impression que cette année nous réserve de drôles de surprises. Toutes nos sorties prévues avortent, le début de la fin en quelque sorte. Je passe en revue cette année car nous avons beaucoup de dates clés dans la famille.

J'ai eu 55 ans, je vais être grand- mère, je suis avec Patrick depuis 10 ans bientôt... Ma sœur cadette va avoir 50 ans, l'aînée 60. L'une de mes nièces aura 20 ans, comme cette fichue année 2020.

Durant leur séjour chez moi, mes parents et moi allons au cinéma, nous nous promenons en bord de mer. Nous profitons un maximum les uns des autres. D'ailleurs, mon père et ma mère me tiennent le bras de temps en temps, ce qui ressemble à un câlin avec cette pudeur qui caractérise les personnes de cette génération. J'ai l'impression d'être une enfant choyée et cela ne me déplaît pas.

De temps à autre, je retrouve François, qui m'apaise et me fait du bien. Nous faisons l'amour passionnément, sans tabou, en nous regardant dans les yeux qui sourient. Il a trouvé deux jobs (il faut bien gagner sa vie), l'un à Nice, l'autre dans l'Ain, il me semble. Je l'appelle pour le revoir, mais il est sur la route des Alpes. Je ne peux m'empêcher d'être un peu triste.

Il me dit qu'il a beaucoup hésité entre les deux boulots et que l'un des facteurs importants qui pesait dans la balance était moi, mais il s'agissait de choisir entre faire des pizzas et faire des photographies en pleine nature avec des fleurs des montagnes...

Je crois comprendre que mettre en équation pizza et moi ou clichés de la nature ne se pose pas. Je le rejoins pour le week-end. Nous communiquons beaucoup entre nous, c'est simple. Je me penche un peu sur un mur et il arrive derrière moi en me touchant les fesses. Il me susurre :

— Tu m'excites, tu vois l'effet que tu me fais ?

Nous avons quand même un point de désaccord : les pâtes au beurre. D'ailleurs, il cuisine mieux que moi. Il déclame :

— Les pâtes se servent toujours avec une sauce !

Bon, ce n'est pas si grave.

Soyons heureux

Depuis le début de l'année, nous blaguons avec mes parents en nous exclamant et esclaffant : c'est 2020 !

Mais là, on ne rigole plus : ma fille va accoucher dans 13 jours à Paris, j'espère que tout va bien se passer. Je ne sais pas si je pourrai être présente dans ces moments uniques et essentiels. Je sens qu'elle est anxieuse, angoissée, ce qui est déjà une évidence en temps normal et je ne peux lui être d'aucune aide. Nous partageons notre détresse. Au passage, vous savez maintenant que j'ai deux enfants, les œuvres de ma vie.

Ma fille, Lola, une jeune femme maintenant. Lorsqu'elle était petite, tout le monde craquait complètement pour elle. C'est une enfant avec de grands yeux verts, gris ou vert clair, selon le temps, qui était adorable dans des tenues de poupées. Il faut reconnaître que les vêtements de fille sont plus diversifiés que ceux des garçons. Sans faire de sexisme. L'été surtout, elle portait des chapeaux et des robes aux motifs fleuris et colorés.

Elle ressemble davantage à son père qu'à moi. Chacun le sien comme disent les anciens. Elle est introvertie mais s'ouvre avec le temps et surtout depuis qu'elle va être maman. Il n'empêche que c'est toujours difficile de savoir ce qu'elle ressent vraiment, sauf quand il s'agit de colère. Dans ce cas, elle peut l'exprimer. Mais ce qui est intime et vient du cœur, c'est plus compliqué. Je ne sais pas si l'éducation reçue en est une conséquence.

Peut-être a-t-elle eu à gérer ses affects seule, sans pouvoir me les communiquer en toute confiance. N'étais-je pas suffisamment disponible pour l'écouter ?

Tournant de cette société du vingt et unième siècle, la Covid19, virus bactériologique puissant, a frappé et ça n'est pas fini selon les scientifiques ! On aurait aussi pu l'appeler

« Battle Angel », mais la réalité dépasse la fiction.

À neuf cents kilomètres de ma famille, je suis confinée avec Patrick. Cette situation nous rapproche au début, ce qui ne va pas durer.

Durant cette période, c'est le monde entier qui est con in fine, personnes malades ou non. Cela n'a jamais existé, même pendant la grippe espagnole.

Je regarde le film « l'an 01 », c'est bizarre comme Doillon pouvait être un précurseur en ayant réalisé ce film voici presque cinquante ans. Il imaginait un abandon utopique, consensuel et fictif de l'économie. Certes, certains paramètres de cette crise sanitaire de 2020 sont différents : les mouvements de mai 68, l'esprit communautaire, le partage, ont, en un peu plus d'une décennie, évolué pour une société plus individualiste, consommatrice. Peut-on imaginer jeter des centaines de kilos de clés de maisons, d'appartements, chaque jour dans un quartier de Paris ?

Cependant, la devise de Gérard Depardieu « on arrête tout, on réfléchit et c'est pas triste » reste actuelle.

Allons-nous réfléchir et va-t-on ressortir plus forts de cette crise même si ce virus détruit chaque jour des milliers de personnes ? Avec ma vision un peu utopique de la vie et une certaine forme de naïveté, j'espère qu'un aspect positif ressortira de cette crise ; saisissons cette chance. Mais je ne suis pas utopiste non plus.

En cette période inédite, j'ai besoin de me référer à des actions collectives.

Sans doute que ces différents confinements nous plongent dans un certain isolement, comme dans cette œuvre de Marguerite de Navarre, l'Heptaméron dans laquelle dix voyageurs sont réunis dans une abbaye de Cauterets alors qu'un violent orage a coupé toute communication. Avant de quitter l'abbaye, il faut attendre qu'un pont soit construit, c'est-à-dire dix ou douze jours.

Les participants de ces journées commenceront donc chaque jour en écoutant une leçon spirituelle d'Oisille. La forme même du recueil est ainsi décidée par trois des devisants et relève d'une égalité unique chez les personnages : « La règle du jeu implique l'oubli des hiérarchies et l'affrontement des rivaux à armes égales » : encore un exemple de société égalitaire ou communautariste. On interroge inlassablement l'amour, on tourne autour du même objet, mais aucune vue cohérente ne se dégage.

Les mouvements sociaux avant et après la pandémie ne seront plus les mêmes. Il faut absolument que les profits soient mis au service des communs, que les mentalités évoluent.

Nous ne pouvons pas continuer à vivre dans le système politique de 1958, soit vingt-deux ans de cinquième république :

Donnez-moi la sérénité d'accepter les choses que je ne peux pas changer, le courage de changer celles que je peux et la sagesse d'en connaître la différence.

Reinhold Niebuhr

Soyons heureux, du moins essayons de dessiner un chemin vers le bonheur, collectif et individuel. Chacun pourrait amorcer un virage, à sa manière, une chicane en épingle, en lacets, des demi-tours, à son rythme, chacun selon ses besoins, sa manière. Pourquoi veut-on toujours plus, d'argent, d'ailleurs, de biens, d'amour ?

L'origine en est la propriété, lorsque les faibles se sont mis sous la protection des forts, qui ont alors adopté un pouvoir arbitraire.

On pourrait réfléchir à la qualité de ce qu'on cherche, aux besoins et à la nécessité. Cette période très spéciale nous plonge au fond de nous-mêmes, on « s'individue ». Que cherche-t-on dans la vie, où est l'essentiel, notre essentiel, notre essence, c'est-à-dire le fond de notre être ? Qu'est-ce qui le constitue ? Est-il de nature idéale, conceptuelle ou divine ?

Et avec cela, il y a la mort. Combien de belles années encore, en bonne santé, entourée de nos proches ?

Peut-on imaginer ce qu'il va arriver, ce qui nous attend ? Non.

Jessica aurait-elle pu imaginer un cauchemar comme elle a vécu ? Non.

On parle toujours de cet affreux fait divers à la télévision. Jessica Silvestri n'a pas survécu après tous les sévices qu'on lui a infligés. Les enquêteurs stagnent dans leurs recherches, ne trouvant aucun témoin ni mobile à cet odieux massacre. Mademoiselle Silvestre était une jeune femme sans histoire et sans ennemi connu.

N’importe quoi

Aujourd’hui tous les deux nous sommes seuls ensemble. Je vous avais prévenu que la cohabitation vingt-quatre heures sur vingt-quatre n’allait pas durer. En ce dimanche 29 mars, toujours sous le coup du confinement, je décide de rentrer chez moi. Combien de temps je ne sais pas. Je fais une valise, prends quelques provisions et m’en vais les larmes aux yeux, la boule au ventre. Patrick ne montre aucun sentiment ni ne les exprime, comme d’habitude. Je suis en colère, après moi, après lui ?

— On dirait que tu n’en as rien à foutre que je parte.

— N’importe quoi ! Comment tu peux dire ça, je ne veux pas te rajouter de la peine, tu me connais mal.

Je ne comprends pas grand-chose à cette réponse alors je suppose que je suis tellement mal dans ma peau que j’évacue mon impuissance sur lui. Je suis désolée d’avoir dit cela.

P. est très fort pour renvoyer de la culpabilité.

J'arrive chez moi, dans une maison où je ne sais plus vivre. Où sont rangées les affaires ? Comment cocooner dans ce contexte difficile ? Je tourne en rond, je commence tout et ne finis rien.

Néanmoins, quand je ne fais rien chez moi je ne m'ennuie pas alors que chez Patrick ce n'est pas pareil. On a toujours quelque chose à faire chez soi, surtout quand on retourne vivre dans une maison inhabitée depuis quelques années, même par son âme.

Je me perds alors dans des réflexions que je vous livre comme elles viennent, vous êtes un peu mes confidents.

Est-ce que P. se victimise ? Une victime sans bourreau, ça ne sert à rien. Depuis le début, je ne fais pas vraiment partie de sa famille comme il fait partie de la mienne. Mes enfants l'apprécient beaucoup. Quant à nos relations entre ses filles et moi, n'a-t-il pas joué un double jeu ? Elles ont eu beaucoup de mal à m'accepter. Il me semblait que je faisais des concessions, et elles avaient le même sentiment que moi. Mutuellement, on exigeait beaucoup les unes des autres. Ou du moins, c'est ce que l'on ressentait.

P. n'a pas eu une position facile mais il est en grande partie responsable de nos rapports conflictuels, n'ayant jamais dit à ses enfants qu'il se sentait heureux avec moi, ou qu'il était content que l'on se soit rencontrés.

Il a enfermé notre couple dans l'ombre, chichement, ne laissant rien transparaître. De ce fait, il essayait d'abord de persuader ses filles de ma bonne volonté pour me rassurer ensuite sur le fait qu'il n'y avait aucun souci, aucune animosité de leur part à mon égard.

Pour ma part, Il y a de plusieurs maîtres-mots dans l'Amour : communication, complicité, confiance, respect, sexe, tendresse, attentions… Si l'un d'eux manque, surtout quand cela dure, le couple va très mal.

Certes, il faut arriver à faire la différence entre les reproches qu'on fait à l'autre et ceux qu'on peut se faire à soi. La clé selon ma psychiatre est d'identifier le problème de moi avec moi. La confiance, je l'ai trahie quand j'ai craqué pour François. Je ne cherche pas d'excuses. En pensant me faire du bien sans faire de mal, j'ai effiloché nos liens. Pourtant, durant cette période que j'ai trouvé délicieuse, je n'ai pas frustré Patrick, nous faisions l'amour et je le désirai davantage.

D'ailleurs, je ne pense pas avoir été castratrice pendant toutes ses années, et Patrick l'a reconnu. Je trouvais un équilibre dans mon épanouissement intime de femme.

Dans mes relations amoureuses, j'ai toujours eu un manque de confiance en moi, qui m'empêchait d'avancer et me faisait douter de l'autre et de moi-même. La peur de l'abandon a très souvent engendré des problèmes de couple.

En bref, J'ai énormément besoin d'être sécurisée alors que je pourrais me sécuriser toute seule.

À tout faire à deux tout le temps, j'ai perdu mon autonomie, j'ai pris l'habitude de compter sur Patrick. Pour tout. Je dois retrouver mon indépendance.

Sa branche de laurier

Ce virus me tape sur les nerfs. Je déprime, on déprime. Les gens deviennent fous. Un après-midi, je vais courir autour des lotissements et j'aperçois un conducteur qui ralentit et me regarde avec insistance. Puis il fait demi-tour et recommence. Il n'a vraiment pas l'air net. Pour me rassurer, je ne sais pas pourquoi, je relève sa plaque d'immatriculation 903NP13.

Les rues sont vides. Je prends conscience de l'insécurité qui règne en ce moment. Les gens sont confinés chez eux, la première maison sur cette partie de route est relativement loin. Je commence à flipper un peu, en pensant à tous ces malades en liberté. Les seules voitures qui circulent passent à toute vitesse et klaxonnent.

Déjà quatre jours que je vis seule chez moi, Patrick ne m'a pas demandé si tout se passe bien, si j'aimerais qu'il vienne me rejoindre une journée… Décidément, la communication n'est pas son fort.

Je lui en ai bien parlé mais il m'a répondu qu'on rendrait les choses encore plus compliquées, que ses affaires étant chez lui, qu'il serait obligé de faire des aller-retours pour télétravailler et que ça posait un problème avec le confinement car on doit justifier nos déplacements. Mais il peut aussi apporter son ordinateur ici !

Je ne reviens pas sur nos remises en cause respectives car c'est peine perdue ou presque.

Nous restons sur nos positions et nos croyances telles que nous les avons progressivement élaborées. Je lui tire toujours les vers du nez. J'essaie d'aborder les sujets qui nous préoccupent, il me parle de sa branche de laurier… de dix mètres. Enfin, où place-t-il l'essentiel ?

Le temps passe et nous arrivons à discuter à distance de manière à peine plus intime. Je lui exprime ce que j'attends de lui, sans doute trop. J'aurais aimé qu'il se remette un peu en cause sur le fait que j'ai ressenti ce besoin presque vital de m'échapper de cette relation fade et convenue. J'espérais qu'il me dise qu'il avait envie de venir me voir, au lieu de cela il espère que je retourne vivre chez lui. J'espérais qu'il me demande si je vais bien, si j'ai besoin de quelque chose. Au lieu de cela, il me dit qu'il profite du temps qu'il a pour faire des activités, « tranquille ». Ma présence n'est pas un bonus.

À la fin d'une conversation, je pense qu'il a entendu que je suis dans l'attente qu'il se livre davantage, qu'il exprime ce qu'il ressent, qu'il partage ses émotions et son amour pour moi.

En a-t-il ? Rien ne vient.

Nettoyer toutes les vitres

François ne me donne plus beaucoup de nouvelles. Peut-être a-t-il rencontré une autre femme ? Nos rendez-vous sont manqués ou reportés. On joue au chat et à la souris. Je ne suis pourtant pas quelqu'un de très organisée, mais lui est complètement un électron libre.

Je reconnais aussi que j'hésite à le contacter car j'appréhende qu'il veuille venir chez moi. Ma situation n'est pas claire, c'est certain. Et si Patrick déboulait à l'improviste ? Je ne suis pas adepte des amants dans le placard et je ne suis pas sûre d'être dans un état psychologique au top. Et c'est un euphémisme.

Je suis à fleur de peau, nerveuse et inquiète. Ma fille est à son terme et j'attends des nouvelles à neuf cents kilomètres de ce moment unique qui est en train de se jouer. Je suis frustrée, j'ai l'impression d'être punie pour avoir fait quelque chose de mal. Comme le jour où ma grand-mère, alors que j'avais 7 ans, m'a privée du carnaval du village et que derrière ma fenêtre aux volets clos mais ajourés, je regardais passer dans la rue, les enfants de ma classe, dont certains étaient mes amis.

Aucune visite à la maternité ne peut se faire, c'est cruel de ne pas passer ces précieux moments près de nos êtres les plus chers. Ces moments qui devraient être inoubliables.

Lola. Ma petite fille va connaître la maternité, ça y est, c'est tout proche. Elle va devenir mère à son tour, comme moi, il n'y a pas si longtemps, me semble-t-il. Tout va bien se passer.

Je pleure parce que je suis anxieuse sur le temps qui semble long, l'accouchement, l'angoisse de changer de statut, ce qui semble secondaire pour l'instant. En réalité, j'ai peur. Et si, et si…

Ça y est, Louis est né ! Le 15 avril 2020 à onze heures cinquante et une minute.

Quel bonheur, quel soulagement ! Je me faisais tellement de souci pour ma fille, son bébé…

Les émotions se bousculent, je suis tellement heureuse et en même temps malheureuse de n'avoir pu savourer cet instant magique de joie, d'émerveillement dans une complicité intime avec ma fille et mon gendre. Je pense que j'oublierai cette douleur de l'absence comme on oublie celle de l'accouchement, tellement je serai comblée de joie d'avoir un petit-fils, mais pour l'instant, je suis un peu perdue. Je me suis vengée en passant des heures à nettoyer toutes les vitres de la maison et éliminé jusqu'à la moindre tache. La pression se relâche et je suis vidée, comme si j'avais vécu cet accouchement par procuration.

J'aurais aimé occuper une place privilégiée à ce moment-là avec ma petite, qui est restée seule après le départ de son mari, épuisée et n'ayant pas d'autre choix que de faire face à ce bouleversement si extrême et magique, d'avoir mis au monde un petit être, fabriqué par son corps.

Je suis tellement fière et heureuse d'avoir un magnifique petit-fils, il est juste parfait. Par contre, je souffre pour ma fille qui a eu des déchirures, un œdème qui s'est formé et une fracture du bassin ! Ce n'est pas chose facile, messieurs, croyez-moi, de réussir cet exploit sans dommages ! Louis doit passer une échographie du cœur, il a un petit souffle. J'espère que ce n'est pas grave.

Nous communiquons le plus souvent possible avec Lola mais je ne peux toujours pas me rendre à ses côtés. Je vois bébé sur WhatsApp, va-t-il m'aimer s'il ne me connaît pas dès les premières semaines ?

Rapidement, mes questionnements à propos du couple me gagnent encore. Faut-il mieux vivre seule chez moi, dans une maison qui me ressemble, plutôt que dans un endroit qui ne me ressemble pas mais qui, finalement, me convient quand même ?

Suis-je davantage en paix avec moi-même ou accompagnée de P. qui ne m'apporte pas l'affection que je souhaiterais ?

Les semaines passent, se ressemblent et c'est dur ! Le moral dans les chaussettes je me sens inutile, inefficace, stressée.

Cette pandémie aura notre peau ! Nous sommes prisonniers dans notre pays, notre visage, nos relations avec les autres et même dans nos amitiés.

J'occupe mes journées : à la cueillette de champignons, je trouve un magnifique jeune cèpe. C'est un signe. Je vois des signes partout. La journée commence bien.

La nuit, c'est autre chose ! Patrick m'a attaquée en dormant. J'ai eu très peur. Il m'a attrapée brusquement puis a saisi mon bras et l'a mordu. Il se battait contre un lion, peut-être avec lui-même puisque c'est son signe astrologique.

Réveillée en sursaut, j'ai pleuré. Nous sommes tous les deux un peu traumatisés par cet épisode nocturne. Je me demande s'il ne fait pas de l'apnée du sommeil.

Cette même nuit, deux cambriolages ont eu lieu dans mon village. Même technique opératoire. La porte d'entrée a été fracturée. Les habitants dormaient paisiblement. J'apprends la nouvelle fortuitement, en allant chercher du pain. Deux voitures de police sont garées près de la mairie.

Les gens parlent sur le trottoir, j'entends des bribes de conversations sans réellement écouter. Ce matin, tout semblait calme, il faut dire que j'ai rattrapé des heures de sommeil agité.

Sous l'effet d'une tension fort palpable, et par curiosité, je prends part à la conversation de deux femmes, plutôt âgées. Je ne les connais pas personnellement, mais elles semblent avoir des éléments sur ce qu'il s'est passé cette nuit. Les deux méfaits ont eu lieu dans des maisons de village, près de la chapelle.

Quelques objets ont été volés dans l'une des maisons, dont les habitants étaient absents : appareils photo, quelques bijoux, ordinateurs, tablettes.

Dans l'autre, une femme a disparu. Elle s'est levée dans la nuit parce qu'elle a entendu des bruits. Son mari qui dormait à côté d'elle ne s'est aperçu de rien. À son réveil, il a simplement constaté sa disparition et remarqué que la lumière était allumée dans l'escalier et la cuisine. Il a appelé la gendarmerie nationale qui réside en bas du village.

Les gendarmes se sont rendus sur place et se trouvent toujours sur les lieux. Ils font des relevés d'empreintes et sont à l'affût des indices. Ils ont commencé à chercher des témoins et à mener une enquête de voisinage. J'ai toujours entendu dire que le temps est compté lorsqu'une personne est portée disparue, chaque heure, chaque minute peuvent faire la différence.

C'est pourquoi, dans le même temps, des pistes ont été lancées dans les collines voisines, mais pour l'instant, aucune trace de cette femme. Qui est-elle ?

Je me renseigne auprès des personnes avec qui je discute. Il s'agit de Martine Cordebas. Je la connais ! Ce n'est pas possible ! Soudain, je prends conscience que les faits divers dont on entend parler peuvent nous toucher au plus près ! Martine ! Non ! C'était la nourrice de mon fils quand je suis arrivée dans la région. Je connais bien sa famille également. Bon, pour l'instant, pas de quoi s'affoler, elle avait peut-être une bonne raison de s'absenter ou de fuguer.

Son mari ne l'a plus vue depuis ce matin seulement.

Dans tous les cas, la tension est palpable près des commerces, dans le centre du village. En sortant de la boulangerie, je suis interpellée par un gendarme.

— Avez-vous entendu quelque chose ?

— Non, rien, j'habite en bas du village.

— Merci, vous pouvez y aller, et prévenez-nous si quelque chose vous revient, un fait inhabituel au cours des jours précédents.

— D'accord.

Je rentre chez moi, abasourdie. Je ne pensais pas vivre ça ici, dans un lieu si tranquille habituellement.

Existe-t-il un lien entre les deux cambriolages ?

Martine Cordebas a-t-elle été enlevée en surprenant les cambrioleurs ou était-elle visée personnellement ? En tout cas, j'espère que le ou les individus qui sont entrés par effraction dans ces maisons vont vite être arrêtés parce que j'ai carrément la trouille, déjà que je suis assez pétocharde. Mes enfants me le disent souvent. J'ai peur de tout, c'est vrai. Mais là, c'est justifié !

Je me pose un peu chez moi et pour penser à autre chose qu'à ces derniers événements, je me perds à nouveau dans des réflexions personnelles. Je n'ai pas souvent l'esprit au repos !

Grandis un peu ! Je ne me supporte pas quand je me plains sans arrêt. Il y a tellement pire. Pourquoi te plaindre sans cesse de ton compagnon alors que toi aussi tu es insupportable ! Tu ne le laisses jamais tranquille, tu lui demandes toujours des comptes. Arrête ! Oui, j'accepte mal notre situation d'échec, quel gâchis. Trouver le responsable ? À quoi bon ? Savoir ce qu'il se passe réellement entre nous ? C'est trop douloureux. Est-ce qu'on s'aime encore ? Un gros doute. Pourquoi n'y arrive-t-on pas ?

A-t-on évolué sur des chemins bifurqués ? Où est passé le temps où l'on faisait encore l'amour et où l'on s'étonnait que ce soit toujours différent ?

Depuis quelques années, je me demande si le sexe est primordial quand une relation dure longtemps.

Le simple fait d'être en compagnie de quelqu'un que j'apprécie et que j'aime beaucoup ne suffit-il pas ? P. est serviable, gentil, intelligent, physiquement plutôt séduisant, ne me rend pas franchement malheureuse. Mais je ne suis pas vraiment heureuse non plus. C'est la tendresse qui me manque, l'affection, l'attention, la prévenance. Ça fait beaucoup de manques. Pourrait-on rester amis ? Si, dans notre couple nous n'avions plus du tout de vie sexuelle, pourrait-on supporter le fait que l'autre s'épanouisse avec une autre personne ?

On retrouve beaucoup chez Patrick certains traits de caractère du signe du lion : susceptible, n'aime pas avoir tort ou en d'autres termes veut presque toujours avoir raison, égoïste.

Pendant que je me fais ces réflexions, dans les collines boisées non loin de chez moi, des corbeaux et corneilles crèvent les yeux d'une femme disparue la nuit d'un cambriolage, mais personne n'a encore déniché cette découverte macabre.

Sexuellement compatibles

En ces temps troublés, j'appréhende de rester seule dans cette maison assez spacieuse que j'habite.

La première nuit qui suit cet événement, je reste aux aguets, j'entends un tas de bruits inquiétants, je me cache sous la couette, tendue, dans l'impossibilité de m'assoupir pendant plusieurs heures. Je regarde « Friends » et me détends un peu. Quand j'éteins la lumière vers deux heures du matin, je suis épuisée. Mais c'est mal connaître les moyens de lutte que possède le cerveau humain ! J'ai recours à un petit calmant, qui, au bout de vingt minutes, me plonge dans un sommeil agité.

Je fais un cauchemar qui me met hyper mal à l'aise le matin et me stresse tout au long de la journée ; Je suis au chevet de mon fils, qui est encore petit, il doit avoir sept ou huit ans. Il est malade, il a beaucoup de fièvre. Je lui caresse le front et lui dis qu'il ne s'inquiète pas, qu'il va aller mieux avec les médicaments que je lui ai administrés. En réalité, je l'ai empoisonné avec des champignons. Il souffrait d'une maladie incurable. Ne le supportant pas, j'ai voulu mettre un terme tranquillement à sa vie. Et dans cet épouvantable rêve, je me mets à paniquer de ne pas pouvoir revenir sur mon acte. Qu'ai-je fait ? Je suis en train d'assister à l'agonie de mon petit, mon amour, la chair de ma chair, mes tripes, et c'est de mon fait, c'est moi qui l'ai tué !

En un mot, l'horreur, l'abomination ! Je me réveille en pleurant, des larmes bien réelles coulant sur mes joues, Et tout mon être est immensément triste !

Le lendemain de cet épouvantable cauchemar, François vient chez moi, cela faisait trois semaines que nous étions séparés. Il me serre dans ses bras.

— Tu m'as manqué.

— Toi aussi. Ça fait tellement de bien !

Très vite, nous nous caressons et nous nous déshabillons debout dans la cuisine. On ressent une urgence à profiter d'être ensemble, comme si nos corps allaient encore être éloignés. Après de torrides caresses sur un canapé inconfortable, F. me propose d'aller dans la chambre. Oui, carrément. Et là, commence un festival de cunnilingus et fellations, léchouilles partout, baisers fougueux, mordillages de tétons, étreintes torrides. François est à deux doigts de jouir mais se retient pour me pénétrer ensuite doucement, en prenant son temps.

— Tu n'as pas mal ?

— Non.

Progressivement, nous bougeons ensemble, il me tient les jambes en l'air pour que je ressente davantage les va-et-vient de son sexe en moi, je suis mouillée, c'est trop bon.

— Je vais jouir.

— Moi aussi.

Et c'est l'extase.

Cette parenthèse passionnée passée, je me sens un peu patraque. La Covid m'a plongé dans un état semi-dépressif insidieusement. La violence quotidienne, la peur que l'on ne retrouve pas Martine. Que lui est-il arrivé ? Nous n'avons pas encore de réponse.

Je ne suis tranquille nulle part. J'ai peur de fermer les yeux sous la douche. Je crois voir des individus immobiles lorsque j'entre dans une pièce. Est-ce que je deviens folle ?

Quelques jours après la disparition de cette pauvre femme, les recherches des gendarmes aboutissent ; On retrouve Martine Cordebas, dans une draille, son cadavre enterré dans les collines. Seule la tête dépasse du trou. Ses yeux, la langue, le crâne sont arrachés par des coups de bec et en partie dévorés par des corbeaux et des corneilles.

Dans le village, les commérages fusent, chacun raconte une histoire entendue auparavant et ajoute des détails sordides. Paraît-il que ces oiseaux, animaux des plus intelligents et sociaux, ont été attirés par l'installation de faux corbeaux qu'ils ont voulu rejoindre.

Aux alentours de cette horrible scène, on a retrouvé de la nourriture, à de nombreux endroits, notamment des cacahuètes dans leur coque et des aliments pour chiens et chats. Il semblerait que les corbeaux les repèrent de loin. C'est pourquoi la police pense que l'assassin a prémédité son coup plusieurs semaines auparavant. Les recherches d'indices sont minutieuses, un échantillon de vêtement, des traces de pas, des cheveux, des récipients contenant de l'eau…

La stupeur de cette découverte macabre est indescriptible ! Tout le monde est consterné, anéanti !

Je repense à cette femme, nous accueillant, mon bébé et moi, à la porte de sa maison. Nous blaguions un moment avant que j'aille travailler. Elle aimait bien mon fils. Mais qui a pu faire ça ? Je n'imagine pas l'état dans lequel doivent se trouver sa famille, son mari et ses deux enfants.

Par pure coïncidence, quelques jours après cette abominable découverte, je croise justement Bruno, le mari de M., à la pharmacie. Il vient chercher des anxiolytiques et somnifères pour lui et ses enfants. Il a plusieurs ordonnances.

Je ne le vois pas tout de suite car il se trouve dans la file d'attente derrière moi. Mais je sens sa présence dans mon dos, et lorsque nous nous retrouvons côte à côte aux caisses, je découvre son regard complètement vide et perdu, au-dessus du masque chirurgical, accentuant ses yeux rougis et gonflés par le chagrin.

Nous nous connaissons depuis de nombreuses années, vingt et un ans exactement, puisque, comme vous le savez, Martine gardait mon fils avant qu'il n'entre à l'école. Nous nous fréquentions souvent, car j'étais seule dans cette nouvelle région avec mes enfants, en plein divorce.

En regardant les pieds de B., comme pour alléger la tension de ce moment, je viens de réaliser que je ne pourrais pas être vendeuse de chaussures. Comment faire quand une personne essaie des chaussures affreusement moches et que tu dois lui dire qu'elles lui vont à ravir ?

La dernière fois que François est venu chez moi, nous avons beaucoup discuté.

L'un des sujets dont nous aimons parler est la littérature. Nous échangeons nos impressions à propos des romans que nous sommes en train de lire. Puis nous avons fait l'amour, comme si c'était une urgence de fin du monde. C'est un peu le cas car je dois me rendre à Paris pour au moins 15 jours, pour garder mon petit-fils. Encore une séparation !

Cette fois, on la gère un peu différemment car je lui téléphone presque tous les soirs. Il me remémore notre rencontre. J'avais oublié car je n'ai aucune mémoire, mais ça m'a fait du bien de m'en souvenir. Nous avons eu une attirance flagrante et fulgurante l'un pour l'autre et elle n'a pas faibli depuis tout ce temps.

Je saisis le fait d'être à Paris pour passer voir une dame, âgée de 91 ans, que j'aime beaucoup et qui est résidente dans un EHPAD de la banlieue. Nous discutons de tout et de rien et elle profite d'avoir de la compagnie pour s'exprimer sur ce qu'elle vit difficilement et se plaindre de cet ennui quotidien.

— Tu sais, les vieux, « ça parle pas beaucoup ».

Je n'avais jamais réalisé que c'était peut-être parce qu'ils n'entendaient rien. J'en prends conscience car cette femme souffre, j'en conclus, d'un problème auditif sans doute dû à son âge.

Le temps est maussade depuis que je suis arrivée, et en compagnie de ma fille et sa petite famille, nous nous sommes réfugiées sur une péniche amarrée sur le canal de l'Ourcq car un terrible orage nous a surprises au cours de notre promenade.

Puis, nous visitons un zoo pour divertir Louis qui adore les animaux. Je prends une photo d'une pancarte informative sur les pigeons car j'aime bien les termes qui définissent leur cri : le pigeon roucoule, jabote ou « caracoule ». Au passage, mon petit- fils nomme ces volatiles des « Pépu », c'est trop craquant.

Un autre jour, nous visitons une exposition intéressante du point de vue de son contenu et aussi pour son extérieur. En effet, de superbes photographies et des films sur l'Afrique, le désert en particulier sont présentés. Je pense à François qui continue sans doute à immortaliser les fleurs et plantes des montagnes. Je flâne dans les salles et regarde le canal de l'Ourcq à travers les immenses vitres et je vois passer avec étonnement un paddle électrique et un vélo sans passager qui s'envole sous mes yeux ébahis ! C'est curieux la banlieue parisienne quand même.

— Ils sont tous moches les gens ici, dis-je après avoir fait un tour d'horizon de la populace.

— Y a pas de raison qu'ils soient plus moches qu'ailleurs, me répond Patrick. Et d'ajouter quelques minutes plus tard :

— C'est vrai, tout bien réfléchi, qu'il y a quand même des gens qui ont de drôles de têtes ici !

— Ah, tu vois !

La région parisienne et ses restaurants : le coréen où l'on mange un Bibimpap aux légumes à tomber par terre, où c'est le bras articulé du robot Chikn Fried qui gère la cuisson des frites.

Ça doit coûter un bras ! En plus, il ne sert à rien ; quand on veut le voir en action, il a déjà fini son boulot !

En rentrant du restaurant, je vous ai déjà raconté l'épisode au sujet de Figaro, je manque maintenant de shooter dans le pékinois de Lola, le prenant pour un seau ! Plus je vieillis, plus c'est une évidence que je manque de concentration.

Pendant ce séjour, nous sommes invités à une soirée parisienne très « bobo » et complètement déjantée. J'y rencontre un couple très sympa, avec lequel j'ai l'intuition qu'on va partager de bons moments et qu'on va bien se marrer.

L'homme est plutôt beau gosse, malgré un petit problème de peau, sans doute les cicatrices d'importantes poussées d'acné à l'adolescence. Il a une paupière qui tombe légèrement sur son œil droit.

Sa compagne est plutôt jolie, assez commune, mais son naturel et sa façon de danser lui apportent une indéniable sensualité.

Nous refaisons le monde, buvons exagérément et nous amusons beaucoup. C'est vital dans le contexte actuel. Je me sens comme un poisson qu'on a trouvé sur le rivage et qu'on rejette dans l'eau.

Cependant, je me sens toujours seule malgré ces activités nombreuses et variées.

J'ai l'intuition de plus en plus pressante que Patrick et moi avons amorcé un virage, dans lequel on doit accélérer, comme à moto, parce que nous n'avons pas le choix si l'on veut avancer et se rabattre correctement sur la corde.

Par chance, j'ai l'opportunité de partir en Italie avec une amie. Avant le décollage, le commandant de bord annonce qu'on ne peut pas partir tout de suite car il y a un bagage sans passager dans la soute de l'avion. Argh… c'est bien ma veine, ça présage de quelques heures de torture… Mais on survole les Alpes et c'est magnifique. Je me concentre un maximum et non-stop, sur une chanson d'Anne Sylvestre ; je donne tout, j'imagine Louis qui me dit « Titi ». C'est le petit nom qu'il me donne. Quand je vois sa petite bouille dans ma tête, ça me rassure car il ne connaît pas la peur. Comme je vous l'ai déjà dit, je ne fais pas ma chochotte, je suis trouillarde.

Petit aparté, je trouve que même le métro roule trop vite, je ne suis pas zen quand il m'arrive de l'emprunter. D'ailleurs, ses freinages secs font presque tomber les gens de leur strapontin.

Dans l'avion, je scrute tous ces gens avec leur masque, leurs yeux vides ou fatigués, inexpressifs, préoccupés, absents, ou concentrés sur leur lecture… Avec ces élastiques, je me dis qu'il va y avoir de plus en plus d'oreilles décollées.

Je tremble comme une feuille et claque des dents sous mon masque, tellement je suis stressée par ce vol. À l'arrivée, on récupère mon amie et moi, une voiture de location. Et on commence à se marrer.

— Messire, Messire, j'ai trouvé une grosse charriote sans clef !

Un peu boomers, nous ne savons pas démarrer cet engin sans clef. Le séjour se déroule super bien, on s'amuse, légères, comme deux adolescentes.

Le retour de Paris s'écoule, trop paisible.

Comme à son habitude, Patrick ne parle pas en voiture. Il bâille, et instantanément s'élève une odeur nauséabonde provenant de son haleine.

Je commence à lister ses défauts rédhibitoires : pingre, peu soigné, pas câlin, taciturne, renfermé, peu communicatif, égoïste, pas sexy, sans libido, frigide, s'épanouissant surtout dans des plaisirs solitaires à savoir la guitare, le vélo ou la course à pied.

Je réfléchis encore à notre couple ? Mauvaise idée !

Et si le bonheur, c'était la qualité et non la quantité du temps partagé ? C'est un peu comme la nourriture : si on mange toujours dans des restaurants gastronomiques, est-ce qu'on continue à s'extasier devant des plats aussi beaux que délicieux ?

Je pense à mes relations en général.

Est-ce que mon voisin me drague, est-ce que mon amie me ghoste ? Mon amoureux a-t-il quelqu'un d'autre que moi dans sa vie, est-il envisageable que mes parents soient éternels ?

Suis-je trop mère poule avec mes enfants ou bien est-ce que je les protège en cherchant à les garder près de moi ?

Je revois François, on fait l'amour comme à chaque fois que l'on se voit.

— Tu disais ouah quand je te caressais.

— C'était pas ouah mais aouf.

Je sens longtemps ton odeur sur moi, je ne veux pas me laver. C'est aussi les effluves de mon chemisier imprégné de vin rosé que nous avons partagé et que tu as renversé sur moi. Belle excuse pour me déshabiller.

La cervelle qui ressort de l'autre côté

Je me demande comment vont Bruno et ses enfants : pas d'indice, pas de piste, pas de preuve. L'enquête piétine lamentablement.

L'autre nuit, vers trois heures, je me suis levée car j'avais trop chaud, j'ai ouvert la fenêtre et j'ai senti une odeur de cigarette qui s'immisçait au travers du volet de ma chambre.

Je n'ai plus osé me recoucher ni fermer de peur que quelqu'un ne m'entende. Je me suis rendue à pas de velours dans l'obscurité dans une autre pièce pour attendre je ne sais pas quoi exactement. En fait si ; j'écoutais tous les bruits de la nuit, effrayée. Je me suis assise dans le noir, et j'ai attendu que le jour se lève pour être rassurée.

J'ai envoyé des SMS à mon voisin qui habite à côté et qui n'a pas réagi à cette heure tardive. Je suis retournée dans ma chambre plusieurs fois, et le fait que la fenêtre ait été ouverte accentuait cette odeur de tabac : étant ancienne fumeuse, j'ai beaucoup d'odorat.

J'ai imaginé des scénarii tous plus fous les uns que les autres. Et si on essaie d'entrer par la porte, est-ce que je saute par la fenêtre en atterrissant dans le jardin ?

Ou bien, comme dans les films, dois-je me cacher derrière la porte et me sauver quand la personne entre ? Mais où me sauver ? Tous les maisons, portails et portillons du voisinage sont fermés à clef la nuit. Je pourrais sonner, tambouriner, mais d'ici à ce que quelqu'un réagisse, on m'aurait sans doute tuée.

Non, le mieux serait d'aller chercher une bouteille d'acide chlorhydrique, dont je me sers d'ordinaire pour déboucher l'évier ou le lavabo et d'en jeter le contenu sur les mains de l'intrus. Mais j'irais sans doute en prison.

Vous allez penser que j'ai une imagination débordante et que je regarde trop de thriller ou films d'épouvante. Jamais ! *#Tropflippée !*

Et comment rester zen avec un sauvage qui court en liberté ?

Pour comprendre ma peur irraisonnée de l'agresseur, de la mort, d'être victime d'un malade mental ou que l'un de mes proches le soit ; pour tenter d'analyser les troubles anxieux qui me pourchassent et me hantent jusque dans mon inconscient, je suis atteinte d'un syndrome de stress post-traumatique. En effet, j'ai été victime d'une prise d'otage dans une banque.

C'était le douze décembre 1975, dans une banlieue parisienne qui, à l'époque, était encore plutôt sécure. J'avais travaillé un mois pour me payer des vacances et je venais de donner un chèque de 100 francs au guichetier en contrepartie d'argent liquide.

Ça se passait comme ça, à cette époque révolue, nous n'avions pas de distributeur pour carte bleue à tous les coins de rue.

Alors que j'étais au guichet, seule cliente d'une toute petite agence, un individu en survêtement gris clair est entré, avec la capuche de sa veste sur la tête, tellement avancée devant son visage, que je n'ai vu qu'une ombre ovale.

Je me retourne, puis tout se passe très vite. Il se place au niveau du guichet, pose son revolver sur ma tempe droite et s'écrie :

— Donne le fric où je la bute ! puis, en s'adressant à moi :

— Baisse-toi !

L'employé de banque s'exécute et je crois apercevoir qu'il remet au type une grande enveloppe kraft, mais mes souvenirs ne sont pas fiables à cent pour cent sur ce détail.

Ce qui, en revanche, est resté gravé dans ma mémoire, m'obsède inconsciemment dans cette peur incontrôlée et me poursuit depuis ce drame, ce sont les images et les mots qui me sont venus à l'esprit à ce moment précis, où, sous le comptoir, je tenais ma tête baissée entre mes mains, sans doute pour me protéger d'un éventuel tir à bout portant.

En fait, j'imaginais en quelques secondes deux scénarii : le premier, ce type est fou, il va tirer dans ma tempe et ma cervelle va sortir de l'autre côté. Je ne veux pas mourir, j'ai vingt ans, je n'ai pas encore eu d'enfant.

Ou, second scénario, cette arme est peut-être un leurre, ce type est juste venu chercher de l'argent et va simplement repartir. Eh bien, ni l'une ni l'autre de ces situations évoquées n'était la bonne.

Après avoir récupéré l'argent, j'ai appris par la suite qu'il s'agissait d'une somme modique, il m'a relevée brutalement et m'a poussée vers la sortie, me suivant de très près avec son arme. Il avait repéré que mon véhicule était garé juste devant l'agence. Il m'a dit :

— Monte !

J'ai ouvert la portière, m'installant au volant, comme il m'y avait poussée. Je m'asseyais, alors qu'il s'était installé à côté de moi, passager menaçant. Il m'a demandé de démarrer, ce que j'ai fait bien entendu. On était à la période de Noël et je ne sais pas pourquoi, mais malgré le fait qu'il avait toujours son arme pointée sur moi, j'ai engagé la conversation. Vous n'allez peut-être pas le croire et vous dire que vous n'auriez jamais fait ça. Seul le vécu de l'expérience traumatisante de ce genre de situation vient comme une évidence confirmer un comportement inadapté.

En sus, je travaillais dans le milieu social et je rencontrais souvent des personnes en colère, désespérées, en situation de désarroi. Je lui dis :

— Cette période est compliquée quand on n'a pas d'argent. Tous ces magasins remplis de belles choses, toutes ces tentations, c'est pas facile.

Il me raconte alors qu'il a trois enfants et pas de quoi leur offrir des jouets. Je lui réponds que je comprends. Il me commande de m'arrêter, ce que je fais. J'imagine le pire, qu'il me dise de le conduire dans la forêt, vu que ce lieu est proche et dense, et qu'il me menace puis me tue. Je sors donc du véhicule et je ne pars pas à toutes jambes comme il semblerait naturel de le faire.

Je récupère mon sac à main derrière ainsi que des radios du dos faites plus tôt dans la matinée. Puis je retourne directement à la banque, sans réfléchir, de manière automatique.

En arrivant, les gendarmes sont là, prêts à me poser mille questions.

— Comment était l'arme, était-ce un revolver ou un pistolet ? Qu'est-ce que j'en sais ? Je ne saurais faire la différence car j'avoue que je ne me suis jamais penchée sur cette question.

— Où est-il parti à votre avis ? me demande un gendarme. Triples points d'interrogation, comment le saurais-je ?

— Avez-vous vu son visage ?

— Est-il plutôt européen ?

— Quelle est la couleur de ses yeux ?

— Avez-vous remarqué un signe distinctif ?

En fait, je ne l'ai pas observé, je n'avais pas le cerveau à cela.

Puis, après cet interrogatoire surréaliste, ils m'ont laissée partir et j'ai pu rentrer chez moi. J'ai soudain pris conscience de ce qui aurait pu arriver. Mes parents, chez qui j'étais domiciliée, ont appelé un médecin qui m'a prescrit du Valium. Je ne sais pas à l'heure actuelle si cette personne a été retrouvée mais ma voiture, elle, l'a été, environ une semaine plus tard, amochée, identifiée par la fourrière. J'ai dû régler les frais de gardiennage !

Cet épisode de ma vie m'a marquée au plus profond de moi pour toujours et je suis intimement convaincue que j'écris une novella noire, comme un enfant qui apprend à écrire, parce que cela me procure la liberté de me débarrasser de ces démons.

Je n'écris pas sous contrainte, je peux passer des jours ou des semaines sans rédiger une ligne, mais quand j'en éprouve le besoin, ce moment-là devient le plus riche et intéressant, car je n'ai rien à prouver.

C'est sans doute un lieu commun de rajouter qu'écrire est une catharsis pour de nombreux auteurs ou auteures, un vrai partage, un océan de messages à saisir. Pour cela, c'est une certitude, il faut être aussi curieux.

Je me suis mise à penser qu'un roman fictif peut se montrer davantage cruel que les articles au sujet des homicides qui font généralement les manchettes des médias.

Chaque écrivain y met sa patte, son côté sombre, usant et abusant en plus grande quantité de descriptions sordides, que n'importe quel article de fait divers publié par la presse. Et comment démêler le vrai du faux ?

J'écoute un peu la radio cet été. J'entends cette nouvelle : ça y est, Anne Hidalgo a le drapeau olympique ! Elle n'a pas l'air con avec ça, on dirait une sorcière qui brandit son balai.

Puis sur fondu enchaîné et sur un même ton neutre : un jeune homme de Reims a succombé aux coups de couteau de plusieurs adolescents.

Et Patrick, toujours dans l'empathie et handicapé affectif, de faire la réflexion suivante : qu'est-ce qu'il y a comme trace de pneus sur la route ! Le rapport ?

Le cauchemar des crimes récemment relatés aux informations continues : à Troyes, un fait divers tragique a encore eu lieu.

Le vendredi 30 juillet, il était aux environs de dix-sept heures trente. Sur le trottoir, une femme se promenait avec un enfant âgé de trois ans dans une poussette, et un autre, âgé de huit ans en trottinette. Un camion blanc, type Mercedes Vito s'est brusquement arrêté à leur hauteur.

Deux individus, semble-t-il, selon les premiers témoignages, genre déménageurs, se sont précipités sur la mère de famille en la frappant violemment avec un objet en acier. Sous le choc, elle s'est effondrée sur le béton.

Les enfants ont à peine eu le temps de comprendre ce qu'il se passait, de crier et encore moins d'essayer de s'enfuir. Le plus grand des deux a jeté sa trottinette, complètement paniqué, pour s'agenouiller auprès de sa mère. La petite fille était attachée dans la poussette. Les deux types ont attrapé brutalement la poussette avec l'enfant dedans, après avoir soulevé son frère pour les jeter tous deux dans l'utilitaire.

On retrouvera les enfants trois heures plus tard, une vingtaine de kilomètres plus loin, en sang. Tous deux ont été drogués, après leur enlèvement. Ils ont subi une double énucléation. L'un des gendarmes, traumatisé par l'épouvantable découverte, raconte en bégayant :

— Il y avait du sang partout sur le visage. Ses paupières étaient retournées, et à l'intérieur, il n'y avait plus ses globes oculaires.

Non loin des lieux où ont été identifiés les corps, les globes oculaires gisaient sur le sol, la cornée ayant été prélevée. D'après les premiers éléments de l'enquête, les suspects seraient un couple, un homme et une femme. Cet abominable crime nous consterne et dépasse notre entendement. Tout est mis en œuvre pour retrouver le ou les coupables le plus rapidement possible.

J'ai pour unique compagnie, un lapin nain de race allemande, un Rex, de couleur satin bleue.

Il est tout mignon, se promène dans la maison comme un toutou, se précipite quand il entend la porte du frigo s'ouvrir et saute sur mes genoux quand je suis sur le canapé. J'avais eu des rongeurs auparavant, quand les enfants étaient petits. Ma fille surtout adorait les cochons d'Inde.

On en a eu un certain nombre, mais deux d'entre eux ont été surprenants.

Nous avons été émerveillés, un beau matin, de trouver dans la cage, notre animal, nommé Vanille, petit nom choisi parce qu'il était tout blanc, ce qui, je vous l'accorde n'est pas très original, en compagnie d'un autre rongeur, miniature celui-là. Le cachottier était une cachottière ! Les yeux éberlués de ma petite Lola !

Quant à mon fils, ça ne l'intéressait pas du tout, au point qu'il ne s'apercevait même pas qu'on avait un nouveau pensionnaire.

Le second rongeur possédait quelques ressemblances avec Pollux, à savoir qu'on ne savait pas où se trouvait sa tête et qu'on pouvait se servir de son corps pour passer la serpillière.

Après ces bestioles, nous avons eu des lapins, tous morts attaqués par des chiens sauvages ou de myxomatose et une souris blanche galeuse, au sens propre du terme. Allez refourguer un truc pareil quand vous partez en vacances !

En parlant de vacances, les amis que j'ai rencontrés à Paris, que j'ai trouvé très agréables et sympathiques, me rappellent un jour. On s'était échangé nos numéros de téléphone. Ils me disent que leurs vacances sont finies et qu'ils sont rentrés chez eux.

— Moi aussi je suis rentrée, leur répondis-je.

— Tu habites où, on a tellement kiffé la soirée qu'on n'a même pas parlé de ça ! s'enquiert Olivier.

— Dans le sud, en PACA.

— Où exactement ?

— Dans le Var, dans un bled, pas loin de Brignoles.

— Non ! On habite à deux pas de là, à Farques. C'est fou ça ! On vient d'acheter un petit appartement en rez-de-chaussée, parce que laisse tomber les prix des maisons, fait remarquer sa compagne, Violette.

— C'est dingue qu'on n'en ait pas parlé !

— Du coup, tu peux passer boire un verre demain si tu veux, c'est trop top, on t'a beaucoup appréciée tous les deux.

— Pareil, c'est trop cool ! À demain alors, tu m'envoies ton adresse par SMS ?

— OK, super, à demain, trop hâte !

Et voilà comment on se fait des amis, beaucoup de hasard, un soupçon de chance, au bon endroit, au bon moment. Cette rencontre va me faire du bien. Trente ans que je suis dans cette région et je ne me suis fait que très peu d'amis ou quelques connaissances.

C'est plus difficile de rencontrer des gens quand on n'a plus d'enfants qui vont à l'école, qu'on est en couple, un peu pris par nos boulots, nos week-ends où on veut s'aérer, mais aussi s'occuper de la maison, des courses, du linge, des repas, etc. acculés par ce quotidien qui use.

D'ailleurs, je sens la fin de mon histoire avec Patrick. Notre séparation temporaire nous a permis de réfléchir sur le pourquoi de notre relation actuelle.

J'ai beaucoup appris sur moi, merci à toi. Tu as quand même un gros défaut, tu es lâche et tu me fais porter la responsabilité de la dégradation de notre relation. Beaucoup d'hommes sont comme ça, et ce n'est pas de la misandrie de ma part.

Je n'ai même plus envie d'entrer dans le détail du pourquoi ni du comment et je m'excuse auprès de vous, lecteur, si un jour quelqu'un lit ce livre. Depuis quelque temps, je pars seule dans ma famille, ou en vacances avec une amie, j'ai ainsi le sentiment de libérer l'autre de ma présence afin qu'il apprécie cette liberté provisoire.

J'invite tout de même P. à manger et boire une bouteille de champagne, avec l'intention de lui promettre des concessions que je ne pourrai peut-être pas tenir.

— On ne peut pas se séparer comme ça, on a eu la chance de se rencontrer, on doit tenter une dernière fois, reprendre à zéro…

Tout le tintouin.

En fait, quand on est amoureux, on peut faire des efforts en restant curieux des attentes de l'autre, mais quand la générosité, le respect et l'amour ne sont plus au rendez-vous, la séparation est inéluctable. Et c'est ce qu'il s'est produit. J'aurais voulu lui dire :

— Pardonne-moi pour les mauvais moments, essayons de ne se souvenir que des bons.

Contre toute attente, Patrick m'a tout simplement avoué qu'il ne croyait plus en nous, qu'il ne m'aimait plus depuis… six ans. Aïe ça fait mal, une espèce de bombe atomique ! Quand même ! Je ne m'attendais pas à ça ! Il aurait pu m'en parler avant.

Du coup, je vais chercher une bouteille de vin rouge que je débouche devant lui, je bois le breuvage au goulot en faisant de courtes pauses. Il me regarde faire, ne m'arrête pas. Je me lève en titubant quand la bouteille est vide, je le traite de connard, et je me souviens d'avoir vomi une grande partie de la nuit, en répétant inlassablement la même phrase en boucle : il ne m'aime plus depuis six ans, mais il avait qu'à me le dire avant ! Vomir du vin rouge, ce n'est pas terrible, on a l'impression de rendre du sang…

Je porte aussi ma part de responsabilité de ne pas avoir admis notre échec depuis toutes ces années et d'avoir fermé les yeux. Un homme amoureux fait des efforts, on me l'a toujours dit. Mais lui, depuis le début de notre rencontre, n'a jamais vraiment essayé de me récupérer quand je m'éloignais et prenais le large.

Est-ce que ce quelqu'un qui fait maints efforts pour conquérir ou reconquérir son amoureuse existe au moins ? Je sous-entends dans la vie réelle, pas dans les contes de princesse.

Je ne sais pas. En tout cas, cette place d'amoureux transi, il ne l'a jamais prise. Ce rôle qu'il joue auprès de ses filles, surtout la plus jeune, m'interroge sur le point suivant : est-ce la manifestation d'un complexe d'Oedipe de la part du père envers sa fille ? Je me renseignerai pour savoir si cette possibilité existe. En tous les cas, P. a toujours abordé, quand nos discussions existaient encore, le concept de « libre arbitre », de « curseur », dans sa vie de famille, de laquelle j'étais exclue. Il mettait en balance le trio père-filles avec le duo lui-moi. À tel point que nous n'avions plus de rapports sexuels tant que des relations idéales avec ses filles n'étaient pas actées. Avec le temps, l'affection se perd petit à petit, le peu de complicité que l'on partage s'étiole aussi, jusqu'à devenir inexistante.

Nos rapports de couple étaient biaisés, je le considère depuis ces dernières années comme un homme à tout faire parce que je suis frustrée, en manque d'amour, et qu'il faut bien qu'il serve à quelque chose. Lui me regarde comme si j'étais sa mère, quelqu'un de froid devant qui il faut fuir à toutes jambes, lorsque je lui donne des conseils ou des ordres, comme, je cite : « Je le fais avec mon fils ».

C'est le constat de bien des couples après des années de vie commune non ? On ne se regarde plus, on fait partie des murs.

L'histoire est classée, enfin pas tout à fait parce que la douleur est présente malgré tout, les souvenirs surgissent et avec eux, la mélancolie et la nostalgie d'une importante tranche de vie.

Ma fille m'a dit qu'il faut un mois par année passée avec une personne pour pouvoir l'oublier. Les calculs sont vite faits : onze ans, onze mois. Je vais m'efforcer d'adopter cette philosophie, juste après notre rupture : parfois, il faut mettre fin, ni être fâché ni être contrarié, juste mettre fin. Je revisite un proverbe à ma sauce : un de perdu, un de perdu.

En revanche, je me réconforte avec mes amies. L'une d'elles habite dans le Gard, je la connais depuis plus de vingt-cinq ans.

C'est une grande blonde gracieuse, souriante, cultivée, curieuse et néanmoins célibataire. Elle passe quelques jours chez moi. Nous allons à la plage, chez le coiffeur, on discute beaucoup, surtout de nos amours inexistants respectifs. Enfin, sa vie affective n'est pas complètement vide mais se borne à attendre l'Arlésien depuis un an et demi ! En effet, elle a rencontré un type grec avec qui elle est restée trois mois et qu'elle ne voit plus depuis un an et demi !

Il est retourné vivre en Grèce et prétexte toujours un empêchement pour venir la rejoindre en France.

Mais elle ne se décourage pas, et, chaque fois que je lui parle au téléphone, elle m'explique que son copain est tombé en panne de voiture, qu'il a attrapé la Covid, que le chantier qu'il avait (il est peintre) a été repris à zéro à cause des intempéries, etc.

Enfin, elle le soutient inconditionnellement. Nous nous écoutons, nous nous parlons, nous conseillons, faisons preuve d'une grande compréhension mutuelle, nous pleurons et rions à tour de rôle. De vraies amies quoi ! Malheureusement pour nous, et surtout pour elle, alors que nous étions tellement bien ensemble et commencions à panser nos blessures sentimentales pour un temps, un épisode Cévenole a frappé le département où se trouve sa maison et a provoqué l'effondrement d'une partie de son plafond. Je me demande si son petit ami ne porte pas la poisse quand même !

Elle a pu trouver des solutions avant de rejoindre ses pénates, plus tôt que prévu, à notre grand regret à toutes les deux. Le moral était encore plus bas que terre après son départ.

Heureusement, une autre amie est venue à ma rescousse avec son fils, pour tenter de me repêcher au fond du puits. Elle aurait aussi bien pu se noyer avec moi.

La pauvrette avait perdu sa maman quinze jours plus tôt, et n'était pas au mieux de sa forme. Elle fait preuve d'un courage extraordinaire, se relevant d'une vie tellement difficile et cruelle et d'un récent cancer du sein qu'elle a combattu avec une force inimaginable. Elle est brune, aux cheveux courts, un peu typée Italienne, de grands et beaux yeux foncés, plutôt petite.

Nous formons toutes deux un couple complice, presque fusionnel, depuis bientôt cinquante ans. Nous étions ensemble en classe de CM2, avons tricoté avec notre institutrice, des bonnets rouges avec un pompon blanc, pour partir en classe de neige.

Nous sommes comme des sœurs, nous pouvons tout nous dire, le bon comme le mauvais, nous ne nous jugeons jamais. Nous avons traversé toutes les périodes de la vie ensemble, ne manquant pas de nous soutenir, nous protéger, nous dédouaner et couvrir nos mensonges à l'égard de nos parents, lorsque nous commettions des actes répréhensibles à leurs yeux. Nous avons connu l'amour, la joie, la folie, la déception, la souffrance, cela sans jamais trahir la bienveillance qui nous rend encore aujourd'hui plus fortes pour entretenir une relation durable.

Mais mon amie a dû repartir elle aussi, regagnant sa région de la Brie. Je l'ai suivie de près quelques jours plus tard pour me ressourcer auprès de ma famille avant de terminer mon périple à nouveau auprès de ma blonde amie dans le Gard.

Comme prévu, je rends une petite visite à mes nouvelles connaissances du Var. On passe un excellent moment. Ils ont préparé un aïoli provençal, ils se sont vite adaptés à la région.

Je leur demande ce qu'ils faisaient à Paris, s'ils étaient dans la famille, chez des amis. Encore un sublime coup du destin, ils rendaient effectivement visite à des amis qu'ils fréquentaient alors qu'ils étaient tous les deux facteurs dans une commune juste à côté de celle où j'ai passé de nombreuses années, de l'âge de neuf ans à l'âge de trente-quatre ans ! C'est incroyable cette rencontre, quand on se laisse guider par son instinct sur des chemins inconnus. Ces coïncidences commencent à en devenir troublantes. Cependant, ce couple de quarantenaires me confie qu'il voyage beaucoup pour découvrir nos jolies régions de France.

Pendant le repas, on débine la banlieue, le temps maussade, la vie toujours précipitée de la multitude, les désagréments des transports en commun, leurs retards, la foule, le bruit… On se félicite d'avoir tourné le dos à cette vie-là. Nous échangeons à propos de notre nouvelle région d'adoption : ces paysages de nature superbes, mer, campagne, montagnes réunis.

— À découvrir à scooter, me dit Olivier.

— J'avais une moto avant, j'en cherche une autre d'ailleurs.

— Je peux te renseigner si tu veux, je bosse pour un garage en ce moment.

— OK, merci. Je cherche un modèle particulier, une 500 Royal Enfield Classic Bullet. Elle n'est plus fabriquée, de toute façon, j'en voulais une d'occasion.

— Je me renseignerai.

— Super !

Je me régale avec la nourriture proposée, parce que je ne fais pas ce plat. Ce n'est pas compliqué mais il faut du temps pour éplucher tous les légumes et réussir sa mayonnaise à l'ail.

On passe un très bon moment, un peu trop arrosé car le piquant de l'ail incite à boire, même si l'on dit qu'il faut l'éviter. Ces deux-là sont des fêtards, comme moi. D'ailleurs, on envisage de se revoir, ça coule de source. On prévoit chez moi la prochaine fois, à l'occasion d'une réunion d'amis que je pourrai leur présenter.

Après avoir profité d'échanges légers et agréables, le sujet beaucoup plus grave et inquiétant du meurtre atroce de Martine Cordoba est débattu. Je n'arrive pas à réaliser la teneur de nos commentaires épouvantés :

Olivier détient des informations importantes : dans ce cas d'homicide, une autopsie a été nécessaire afin de pouvoir identifier formellement la personne victime, les causes et les circonstances de sa mort. Il va de soi que les pathologistes, les enquêteurs et le procureur aux affaires criminelles et pénales font tout pour arriver à trouver la personne responsable de ce crime. J'apprends qu'Olivier et Violette ont récemment fait la connaissance de Bruno, le mari de Martine. Les astres se sont à nouveau alignés ce jour-là, pour projeter des soies de toile qui nous rapprocheraient.

En effet, son Range Rover étant tombé en panne, B. s'est rendu au garage pour le faire réparer. Dans son désordre mental, il avait percuté un sanglier et avait encore des traces de sang de l'animal sur le pare-chocs. Pauvre bête ! Je m'enquis de sa santé.

— O. me donne son opinion. Il a tant de questions et peu de réponses ! Il n'est plus le même. Je l'ai vu tellement affligé, comme si sa vie s'était arrêtée. Il portait sur son visage les marques de l'injustice, de l'incompréhension.

Je fais part de ma rencontre avec Bruno à la pharmacie.

Son air hagard, sa fragilité, je l'ai trouvé presque inquiétant.

Ce fait divers m'a bouleversée personnellement, car il m'a rappelé un épisode de ma vie professionnelle que j'aurais préféré ne pas vivre.

En effet, avant d'être enseignante dans le second degré, j'étais institutrice. J'exerçais depuis deux ans dans la commune où j'habite, c'était la première fois en vingt-cinq ans de carrière que je franchissais le pas de travailler et de vivre sur le même lieu, avec cette forte probabilité de rencontrer des parents d'élèves. Cela suggérait de bons comme de moins bons moments.

J'enseignais, voici quelques années, au niveau de la grande section de maternelle. L'interaction maîtresse-enfant était forte. Les parents d'élèves étaient ouverts, sympathiques et communicants.

J'étais vraiment bien avec cette classe. J'arrivais le matin, souriante, et les petits me le rendaient bien.

Mais un matin comme les autres en apparence ne fut pas comme les autres. Je rentrais dans ma salle et remarquais tout de suite mon assistante maternelle avec un visage fermé. Elle paraissait soucieuse, préoccupée, alors que c'est une personne très chaleureuse avec les élèves et avec laquelle je m'entendais bien. C'est très important de fonctionner en équipe en maternelle parce que notre travail se complète. J'ai d'ailleurs fait la connaissance des parents de C. car elle tenait à me les présenter. Ils sont malgaches, et nous nous sommes rencontrés car j'ai moi-même des racines de naissance là-bas. Nous avons parlé du pays et j'ai replongé dans mon voyage à Madagascar, la magnifique île rouge, mon pays natal, ma petite enfance.

Je fais un aparté au passage à propos de mon dernier voyage au cœur de ce superbe continent africain.

Antananarivo se décrit ainsi : les porteurs partout, le change à la sauvette, les charrettes à zébus, les marchés, les bicoques.

Au bord des routes, le linge sèche sur les talus en compagnie des vaches qui se promènent aussi ; les rizières sont inondées, remplies de nénuphars et de canas. Certaines maisons s'immergent dans l'eau. La pollution est intense, la chaleur infernale, étouffante et la circulation impressionnante !

D'ailleurs, les voitures ne s'arrêtent jamais pour laisser passer les piétons. La devise du chauffeur, Marcellin, est « Hop, hop, hop ! ». La nourriture m'évoque mes jeunes années : du Koba (prononcé Koub), sorte de « gâteau » aux arachides, insipide, enveloppé dans une feuille de bananier et ressemblant à s'y méprendre à un morceau de viande, du Mofy-Gasy (prononcé Mouf-Gache) et qui signifie « pain malgache », des bananes dites « cochons », naines et délicieuses. On trouve bien entendu des mangues, litchis, beignets à la banane, brochettes de zébu, riz-rougail… Aujourd'hui, j'apprécie d'être adulte pour boire du vin blanc d'ananas et du planteur.

Dans le quartier de l'hôtel Shanghai, dans la ville basse de Tana, l'odeur est pestilentielle ! Les rues sont pavées, ce qui est très joli, mais la pauvreté y hurle. Les gens dorment sur les trottoirs et, comme les toilettes publiques sont inexistantes, l'herbe est recouverte d'excréments et d'urine. J'ai du mal à respirer avec la poussière et la pollution. Plus loin, c'est le quartier de Faravohitra, résidentiel, possédant une belle vue sur la ville et quelques centaines d'araignées géantes pendues aux fils électriques ! Au palais de la reine, seules des ruines subsistent. En taxi-bé, sorte de bus déglingué, je rejoins le grand marché d'Androvoangy, qui a remplacé le mythique Zoma (zouma). C'est une caverne d'artisanat, mais c'est le début du voyage et je fais attention à ne pas trop charger la valise.

Le soir, dans le jardin de l'hôtel, des « Vasas » (Français en malgache) me proposent de manger avec eux, et je découvre qu'ils ont des amis dans mon village en France. Le monde est petit !

À quinze kilomètres environ du centre de Tana, s'élève le palais du président malgache de l'époque, Ratsiraka, et je continue mon périple sur la route, avec Marcellin, pour qui la devise du pays « mora-mora », prononcé moura-mour, signifiant doucement - tranquille, est de mise tout au long du voyage. Sans doute a-t-il raison ? Pourquoi faut-il toujours courir dans tous les sens, si ce n'est pour accélérer le temps qui passe déjà trop vite ? Au palais du roi d'Ambohimanga, également résidence d'été de la reine Ranalova, tout est sacré. Nous empruntons des escaliers de face pour entrer dans une pièce, mais au retour, nous devons monter en arrière d'autres marches assez hautes et reculer pour nous déplacer.

Les Malgaches croient beaucoup aux rites ; il faut lancer des cailloux sacrés pour qu'ils tombent dans un petit trou sur un rocher. J'ai droit à deux essais avec sept cailloux à chaque fois. Le quatorzième tombe et reste dans le trou. Et ? Marcellin saute de joie en prédisant que j'aurais une fille et que je devrais revenir avec elle à Mada pour sacrifier un poulet à cet endroit.

Un obstacle de taille s'oppose à cela, je ne prévois pas d'avoir un troisième enfant, et, d'ailleurs, je n'ai pas eu une autre fille… La vue est époustouflante depuis ce rocher, du haut de l'Imérina, où l'on aperçoit les douze collines, sacrées elles aussi, qui entourent Tana, ainsi que les rizières en contrebas qui forment la carte du pays, représentant un pied gauche de manière naturelle.

Nous quittons ce magnifique endroit pour faire une halte plus au sud de Tana, dans la première ville où nous arriverons, à savoir soixante-dix kilomètres plus loin, après de nombreux virages. Le chauffeur se presse car il n'est pas rassuré à l'idée de passer la nuit dans la voiture à Ambatolampo car il existe une légende qu'il me raconte et à laquelle il croit fermement : il s'agirait d'une sorcière, aujourd'hui morte, qui aurait été trompée par son mari et qui viendrait se venger des hommes en se promenant nue dans la ville. Puis quand elle les rencontre, elle leur arrache la langue. Charmants, tenez-vous sur vos gardes !

À défaut de sorcières, des cochons et zébus tenus par une longe sont vendus au marché, ce qui semble habituel. Les surprises continuent lorsque nous rendons visite aux fabricants de marmites de Madagascar, qui possèdent un sable réfractaire unique qui leur permet de faire les moules de cuisson, et qui, comme Marcellin me le souffle au passage, exercent aussi par le biais de cette couverture, le métier d'armateur.

Antsirabé est le point le plus froid de l'île, ville thermale dans laquelle on trouve l'eau gazeuse Visy Gasy. C'est un lieu très agréable, joli, entretenu, dans lequel la nature est respectée, fleurie, choyée. On y trouve l'usine de THB du pays, eh non ! Il ne s'agit pas d'une drogue dure, mais d'une bière nommée Three Horses Beer. Cet endroit est aussi la capitale des pousse-pousse. Les chauffeurs se bousculent pour qu'on choisisse le leur, joliment décoré. Je négocie finalement la course avec Désiré, qui ne voudra pas me quitter de tout l'après-midi, m'attendant en échange de quelques billets ou quelques cigarettes. J'observe les Malgaches qui fabriquent des objets avec des outils de récupération pour le moins archaïques : un jeune homme réalise des œuvres d'art (cuillères, couverts à salade, oiseaux) en plaçant une corne de zébu entre ses pieds et en la sciant. Il consolide ces ustensiles avec le sertissage d'aérosols vides, du fil de pêche, des gaines de petits câbles électriques. Un travail d'horlogerie titanesque.

Lors de la visite passionnante d'une confiserie, nous dégustons des bonbons orange fluorescents au gingembre.

Ils sont confectionnés dans de vieux moules en bronze.

À propos de sucrerie, revenons à l'école maternelle pour présenter Nathalie, la « nounou » de la classe. Elle a un peu d'embonpoint, proportionnellement à un cœur généreux. Elle faisait du bénévolat dans une équipe de hand-ball, donnait de son temps autant que possible, avec beaucoup de dynamisme. Mais ce matin-là, elle était tendue.

Elle s'est approchée de moi, nous avions peu de temps pour discuter avant l'entrée et le regroupement des élèves.

Elle m'a dit :

— Lilas ne viendra pas aujourd'hui, il s'est passé quelque chose de grave, sa mère est morte.

— Quoi ? lui répondis-je abasourdie, comment ça ?

Lilas est une petite fille très jolie, souriante, affectueuse. Elle est polie, gentille, serviable et prend des initiatives. Elle est douée pour de nombreuses activités et commence à lire alors qu'elle a seulement cinq ans. Brune avec des cheveux coupés au carré, des yeux malicieux et un regard franc, c'est un diamant qui brille dans la classe.

Ses parents sont des personnes aimables ; un couple très élégant et beau avec lequel je discutais en fin de journée lorsqu'ils récupéraient leur fille à la sortie de l'école.

— Elle a été assassinée à Lorgues, d'un coup de revolver.

Sur le moment, je suis incapable de saisir les propos que me tient N. sur un plan intellectuel, mais l'émotion me gagne et je m'isole dans le couloir, submergée par des larmes dans lesquelles je crois me noyer en quelques secondes. La sonnerie retentit, j'essuie mon visage, essaie de cacher mes yeux rougis, et me prépare à faire l'accueil. Je ne vois rien, n'entends rien, sinon des bribes de mots prononcés par les enfants comme un murmure : on lui a tiré dessus… et si le monsieur entre dans la classe avec un revolver… J'essaie de me concentrer, de réfléchir, mais tout va trop vite.

Alors la matinée se passe, sans qu'un supérieur hiérarchique vienne m'épauler pour prendre en charge cette peur latente, palpable et légitime des chérubins.

Au cours de la journée, rien n'est mis en place, les adultes causent entre eux dans les couloirs, cherchent à comprendre, mais je reste sans réponse quant aux paroles que je devrais dire aux enfants, pour les rassurer. Plus tard, je demanderai la possibilité d'assister à l'hommage rendu à la maman de Lilas et de m'absenter une matinée, et c'est tout un foin !

Les faits relatés ont ému la France entière : deux femmes gendarmes, appelées dans l'exercice de leur fonction pour un simple cambriolage et une agression, ont été tuées par balles. L'homme de trente ans, ivre au moment des faits, avec un passé marqué par la violence et la drogue, a reconnu les faits.

Au cœur du Massif des Maures, cette tragédie soulève l'indignation.

Ce scénario continue de me hanter, celui d'une famille unie, touchée par un destin funeste, victime d'un tueur fou, sous emprise de l'alcool, s'acharnant avec une rare violence.

Le papa tenant la main à chacune de ses filles, toutes deux vêtues de blanc, devant ce qu'il leur reste de leur épouse et mère, un cercueil recouvert d'un drapeau tricolore. J'ai vécu cela, et cette description est conforme à la triste réalité, sans tomber dans le pathos, même si les mots me manquent.

Les crabes

Aujourd'hui, je me mets en quête de l'achat d'une moto. J'avais préalablement demandé à Olivier s'il avait une piste, mais comme il travaille dans un garage automobile, il n'a pas beaucoup de modèles à proposer.

Je trouve exactement la moto de mes rêves chez un concessionnaire à deux pas de chez moi : une 500 Royal Enfield Classic Bullet de couleur bordeaux de toute beauté ! Une petite casquette vintage sur le phare a achevé de me séduire. Elle appartenait à une femme qui rachetait un 600 Fazer. C'est un autre style de deux-roues mais ça marche très bien et c'est agréable à conduire. J'en avais fait l'acquisition voici plusieurs années.

Ce nouvel engin m'a fait dépenser une fortune. C'est un look, une personnalité, une bécane. J'ai complété cet achat avec un casque de marque Royal également, des gants homologués parce que les anciens ne l'étaient plus, une veste d'hiver ajustée pour motarde. C'est un équipement indispensable, qui intègre des protections homologuées et, pour finir, je me suis procuré des sacoches cavalières rétro en toile, de couleur kaki. Je suis équipée pour me balader. Je ne suis pas une grande fervente de la vitesse. J'apprécie la liberté que me procure la machine, les sens qui se mettent en éveil surtout l'été, quand les cigales chantent dans les pins parasols et que les plantes de la garrigue sont odorantes.

Dans la région de Valensole, la lavande fait exploser son parfum sur une centaine de kilomètres, et grâce au casque à visage ouvert, l'odorat savoure au maximum ce que lui apporte la nature.

De bonne heure dans la matinée, cet été-là, j'enfourche ma moto et me rends au bord de la mer. Comme toujours à cette période de l'année, les bouchons de circulation sont nombreux.

Je me faufile, comme une anguille, au milieu du trafic. Arrivée à destination, finalement, la plage est quasiment déserte. Je connais bien la région et ses endroits cachés. J'étale mon paréo et m'installe sur le sable. L'air est doux et faible. La méditerranée, tel un lac argenté, présente son meilleur visage : une eau cristalline et transparente, une légère odeur iodée, une quiétude ambiante, pour le moment. Je vais me baigner avant que la populace arrive. La température de l'eau est merveilleusement tiède, un peu saisissante au début, surtout lorsqu'elle arrive au niveau du ventre. Je fais quelques brasses, je ne suis pas mauvaise nageuse, mais je ne me lance pas non plus le défi d'atteindre la bouée des trois mètres si je suis seule. Je savoure ces instants, au bord de l'eau, m'amusant comme une enfant à me laisser porter par elle.

Puis je sors me sécher et compte bien profiter de la plage. Dans mon sac, je récupère l'un de mes romans en cours, j'en lis souvent au moins deux en même temps, et je relève la tête après m'être imprégnée d'une histoire d'amour impossible (c'est un euphémisme).

Après un long moment, je regarde autour de moi un peu comme si je me réveillais d'un rêve.

Beaucoup de monde est arrivé entre-temps, les parasols ont poussé, les serviettes et foutas ont commencé à recouvrir une majorité du sable, comme la mousse sur les troncs des arbres en forêt.

Je remarque près de moi, une femme, avec un masque sur le visage, accessoire vivement conseillé même sur la plage au plus fort du pic d'épidémie à ce moment-là. Son regard est insistant dans ma direction. Je la fixe également. Ses yeux ne traduisent pas la surprise mais la détermination.

Je crois reconnaître Violette. Je suis sûre que c'est elle maintenant parce qu'elle se dirige vers moi, avec assurance, comme si elle s'était attendue à me trouver ici. C'est une belle surprise de la journée.

— Coucou ! Tu as eu la même idée que moi, un petit bain de mer, rien de mieux pour se remettre d'aplomb !

— Coucou ! Je t'avais reconnue mais je n'étais pas sûre !

— On va boire un coup ?

— Carrément, j'ai soif, j'ai oublié ma bouteille d'eau en plus. On se dirige en papotant vers une terrasse en bord de mer.

— Tu restes encore à la plage ?

— Pas forcément, je me suis déjà baignée et toi ?

— Moi aussi, mais j'étais plus loin sur la plage, j'ai changé de place. Et puis, il commence à y avoir trop d'animation, avec les gosses qui braillent !

— C'est pas faux.

— Tu veux passer à la maison, Olivier n'est pas là, mais il rentre en fin d'après-midi.

— Pourquoi pas ? Je suis à moto, garée juste là, et toi, où est ta voiture ?

— Plus loin, mais ne m'attends pas, tu connais le chemin, en plus tu iras plus vite que moi, si d'autres comme nous décident de fuir la foule.

— OK, je t'attends là-bas.

Quand je récupère ma moto, j'ai l'impression de commettre une erreur en ayant accepté que l'on se retrouve chez elle. Moi et mes folles intuitions…

Lorsque j'arrive, je remarque un amas de sable, à l'entrée du jardin. Je me dis que Violette doit être une habituée de la baignade.

Je l'attends un peu et m'assois sur les marches devant l'appartement. Ces amis ne sont pas des maniaques de l'ordre ! Étalés sur le perron, des bouteilles de bière vides, des fringues mouillées et souillées, un jeu de boules, des coussins sur le sol, un set de couture, etc. Enfin, je ne suis pas là pour les juger, loin de moi cette idée, j'observe seulement. J'appelle ma copine Vanille qui habite juste à côté de chez eux, dans un autre également. Je lui dis que je suis là, elle se marre.

— Tiens, c'est drôle, je suis allée les voir hier soir aussi. Je dois m'occuper de maman, je te rejoins dans un moment.

— OK, à toute !

Violette arrive au moins un quart d'heure après moi et me demande si l'attente n'a pas été trop longue.

— Non, pas de souci. Tu n'as pas trop eu le choix, j'imagine.

— C'est ça !

Et tout en tournant la clef dans la serrure, elle m'invite à la suivre.

À l'intérieur, quel bazar aussi ! Violette soulève un tas d'objets pour que l'on passe, en déplace d'autres pour que l'on s'assoie.

On s'installe pour boire un soda bien frais, bienvenu je dois dire, après avoir attendu sous cette canicule. Je lui dis que les hasards ne cessent de nous rapprocher. Elle reçoit un appel et s'éloigne dehors. Je n'entends pas ni n'écoute d'ailleurs ce qu'elle dit. Aux murs, plein de photos sont accrochées. Vi. m'a dit que chacun avait des enfants ; c'est un couple recomposé, et leurs minots respectifs tapissent la pièce à vivre. Quand elle revient, elle a l'air un peu contrariée.

— C'était Olivier.

— Ça va ?

— Oui, oui, juste un petit contretemps. Tu es pressée là ?

— En fait, j'ai tout mon temps, tu sais je suis célibataire maintenant.

— Ça a de bons côtés.

Vi. se montre très enthousiaste et ravie que l'on reste ensemble un moment. Nous discutons et refaisons le monde, et sans même nous en rendre compte, nous nous retrouvons à l'heure fatidique de l'apéritif. On passe naturellement du jus de fruits au vin rosé, avec un plaisir non contenu.

Après quelques verres, l'ambiance entre nous a changé. Violette met de la musique, commence à danser en poussant le canapé du salon pour faire de la place. Je me lève pour l'accompagner et elle m'empoigne pour que l'on danse ensemble.

C'est une biguine que je ne maîtrise pas du tout. Par contre, elle est experte dans ce domaine. Bien sûr, cette proximité est agréable, on bouge nos corps, nous frottons l'une à l'autre, nous amusant comme si on simulait une lap dance ou danse contact en français, danse érotique, qui pourrait devenir torride.

Après une demi-heure de cours improvisé, nous sommes essoufflées et assoiffées, et nous nous précipitons à nouveau sur l'alcool. Je commence à me sentir enivrée. Mes pensées sont troubles. On ne se connaît pas beaucoup. Je résiste pour ne pas agir de manière trop déplacée, car on sait que l'alcool inhibe les freins comportementaux, qu'il est un formidable lubrifiant social, qui stimule la joie, le rire, la bonne humeur, et… la sexualité.

La dopamine favorise les relations interpersonnelles. Je me relâche des tensions accumulées ces derniers temps. Je me sentais un peu stressée et me détends avec d'autant plus de plaisir. Nous commençons à nous faire des confidences. Il devient clair que cet état d'ébriété augmente notre désir sexuel.

Violette m'entraîne dans sa chambre en riant, s'amusant de constater notre excitation réciproque.

Elle me propose d'essayer ses vêtements. Je me déshabille, me découvre jusqu'aux sous-vêtements, elle tourne autour de moi en me caressant les fesses. Elle s'allonge sur son lit, m'observe. J'ouvre son placard, enfile les tenues qui me plaisent, en rigolant quand elles me sont beaucoup trop grandes et que je ressemble à un sac. Je choisis des vêtements que je n'ai pas l'habitude de porter. Petit à petit, car nous continuons de boire dans la chambre, je joue des scènes érotiques.

Je passe des vêtements moulants et ajustés, qui mettent en valeur mes hanches, mes fesses. J'essaie des tops décolletés, avec lesquels on voit la naissance de mes seins ou ma poitrine par transparence, des jupes ou robes très courtes, qui découvrent mes jambes, font imaginer mon sexe sous le tissu.

Violette m'encourage à continuer et profiter de ces instants que nous nous réjouissons de vivre toutes les deux. Je commence à avoir la tête qui tourne et tombe sur le lit, sur le corps de Violette. Elle m'enlace, me prend dans ses bras. Nous rions beaucoup, nous jubilons. La dernière tenue avec laquelle je me suis écroulée sur le lit est sexy et coquine : il s'agit d'une nuisette tango en dentelle rouge et noire. Je possède un peu la même, et me sens parfaitement à l'aise dedans. Mes sens sont décuplés, mon corps est faible, tout mou, comme paralysé. Je trouve cela bizarre mais je ne peux pas le contrôler. Je me laisse faire.

Ses baisers mouillés sur ma bouche me procurent du plaisir, des caresses tendres et chaudes me parcourent le corps. Vi. progresse vers mon sexe humide. Elle soulève mes jambes, les écarte de chaque côté de ses hanches et entreprend de découvrir mon vagin et le mont de Vénus. Elle mordille le bout de mes seins, m'embrasse à pleine bouche. Je suis très excitée et réceptive, j'adore ce qu'elle me fait. Je jouis sous l'effet de sa langue experte, qui trouve rapidement le point Gräfenberg auquel je réagis vite et instantanément.

Avec précision et délicatesse, son majeur et son index titillent mon clitoris. Je jouis encore.

Néanmoins, je suis incapable de réagir physiquement, dans l'impossibilité absolue de bouger ne serait-ce qu'une main.

Bien qu'ayant énormément apprécié ce moment, je m'interroge sur la situation dans laquelle je me trouve. Je pense à ma copine Vanille qui doit me rejoindre, car je commence à m'inquiéter sérieusement.

Je tiens pour responsable le vin que j'ai ingurgité. Mais quand même, une chose pareille ne m'est encore jamais arrivée !

Puis je vois arriver Olivier. Qu'est-ce qu'il fait là ?

Je commence carrément à flipper et je comprends que je n'aurais pas dû faire confiance à ce couple que je ne connais pas depuis longtemps. Mais je suis plutôt crédule. Je ne peux même pas me déplacer pour dire bonjour à O. Violette s'approche alors de lui. Ils parlent en murmurant. J'ai l'impression d'être dans un mauvais film, surtout que Vi. n'est pas du tout dans le même état que moi. Est-ce que j'étais vulnérable, trop en stress et très fatiguée pour bien réagir à une cuite ? Non, le vin ne peut pas me paralyser.

Olivier s'approche de moi.

— Tu ne savais pas qu'on était un couple libre ? Et surtout, tu nous as plu dès que l'on t'a rencontrée. On aurait aimé agir autrement, mais comme tu connais Bruno, on a eu peur que vous parliez de nous tous les deux.

Alors, poursuit-il, pour répondre à ton regard interrogateur, je vais te dire comment les choses vont se passer maintenant. D'abord, je vais profiter de toi à mon tour. Mon petit doigt m'a dit que tu avais pris beaucoup de plaisir avec ma compagne. J'espère t'en apporter aussi jusqu'au summum. Au passage, le fait que tu sois lascive, vulnérable, sensuelle, érotique, langoureuse, impudique dans cette obscénité qu'offre la position de ton corps abandonné, les jambes écartées, le visage tourné sur le côté, m'excite un maximum, j'en deviens lubrique. Elle va rester avec nous, juste pour nous regarder.

Alors O. se couche sur moi sur le lit, sort son sexe tendu de son pantalon, sans même prendre le temps de se déshabiller et me pénètre sans préambule. Je ne peux pas bouger, je ne peux me défendre et le repousser. Il s'excite à l'intérieur de mon vagin, accélérant le rythme en crescendo. Cela dure au moins dix minutes. Je commence à ressentir des douleurs, les à-coups sont forts et mon sexe n'est pas lubrifié. Quel traumatisme de vivre un viol, je suis dévastée.

Alors Vi., qui connaît bien son homme, constatant qu'il a du mal à jouir avec une femme inerte, lui dit de me prendre par-derrière. Il me retourne brutalement et commence à introduire sa verge dans mon anus. La douleur est extrême, j'ai l'impression d'être déchirée et de saigner tant la pénétration est brutale. Je pense à Vanille qui doit me rejoindre, cela m'aide un peu mais jamais le temps ne m'a semblé si long. Quelques minutes plus tard, O. atteint l'orgasme. Il me laisse ainsi, pantelante, meurtrie un moment, allongée sur le ventre, pour aller prendre une douche. Violette le suit. Ils reviennent tous deux près de moi. Ils me soulèvent et m'assoient contre la tête de lit.

Lui commence, manifestant un plaisir extrême :

— Alors, voilà : on a trouvé sur le Net de l'héroïne bon marché. Son but est de paralyser celui qui l'ingère.

Elle détruit les cellules nerveuses d'une petite zone particulière du cerveau, la substance noire, qui fabrique la dopamine. Celle-ci est ensuite répartie dans une autre région du cerveau, qui contrôle l'activité motrice. La personne ne peut plus ni parler ni bouger. Cela peut durer un certain temps, voire être irréversible.

Mais de toute façon, on a prévu de mettre un terme à ta vie avant que tu ne connaisses la réponse. En fait, on a l'impression depuis le début que tu nous as soupçonnés. Les liens qu'on a tissés avec toi t'ont semblé suspects. Tu doutais de toutes ces coïncidences. On ne peut pas prendre de risque. En réalité, on s'est connus plusieurs années auparavant. Tu ne te souviens pas ?

Elle raconte :

— Tu travaillais dans les Pyrénées à l'époque. Un matin, ta moto ne démarrait pas. Tu as trouvé une adresse où tu pouvais la faire réparer rapidement et tu t'es rendue dans notre garage. Nous l'avions acheté pour une bouchée de pain dans une vallée quasi déserte. Tu te rappelles ? Ce jour-là, tu as échappé au pire. Nous voulions garder ta moto, et tu as fait appel à la police. Mais les policiers sont nos amis ! On t'avait laissé partir, sachant que tu reviendrais car ta moto n'était pas encore prête.

Je me souviens tout à fait de cet épisode, mais je n'ai pas reconnu Olivier ! En réalité, le propriétaire de ce garage me faisait peur, il était effrayant physiquement. Il ne pouvait pas fermer une paupière qui laissait voir le rouge de l'œil, sa peau paraissait rétractée, comme si un tissu avait été repassé à une température trop élevée. Il était défiguré. Depuis, il a sans doute subi une greffe pour retrouver cet aspect à peu près normal de la peau du visage.

Quelques jours plus tard, je suis retournée dans cet endroit avec deux amis baraqués. Nous avions une voiture au cas où les événements tournent mal.

O. était seul, il avait plutôt l'air sympathique malgré son apparence peu avenante, et pourtant, je ressentais une grosse tension, et mes amis aussi. Il était parti démarrer la moto pour que je la récupère, enfin c'est ce que je croyais.

Nous sommes sortis du garage, il n'y avait aucune habitation aux alentours. Des petites filles jouaient à faire des allers-retours en courant dans une côte.

Faudra-t-il les renverser pour nous enfuir si elles se mettaient en travers de notre chemin ? Je pressentais qu'il fallait partir le plus vite possible.

Je pressais mes compagnons, tant pis pour la Royal, nous devions saisir cette opportunité momentanée offerte, à savoir l'absence du proprio. Nous sommes partis à pied discrètement mais en pressant le pas.

Alors qu'on commençait à se sentir en sécurité, O. s'est posté devant nous avec une grosse batte de base-ball en bois. En haut de la montée, un individu avait bloqué l'issue avec une voiture dont le capot était ouvert. Deux hommes plutôt jeunes, l'un âgé de vingt ans et l'autre la quarantaine, habillés en vêtements rayés de couleur noir et blanc, descendaient la pente et nous sommaient de « nous apprendre les règles ». Nous ne bougions pas, terrifiés d'être ainsi tombés dans un guet-apens malgré la carrure imposante des gars qui étaient à mes côtés. À notre grand étonnement, le proprio est intervenu, pour empêcher tout mauvais pas et nous a ordonné de partir rapidement, ce que l'on a fait sans nous faire prier.

Plusieurs années après cet événement, j'étais loin d'imaginer revoir cet individu, dont je ne connaissais pas encore le côté sombre, ni la diabolique femme.

Cependant que je me remémore cette terrifiante aventure, j'entends frapper à la porte. Vanille comme convenu, vient me voir chez ses voisins. Je reconnais instantanément sa voix. Ouf !

Elle est étonnée de voir les stores baissés, mais chacun vit comme il l'entend après tout.

O. et Vi. se regardent, interrogatifs.

Puis Violette se lève, sans doute qu'elle inspirera plus confiance à Vanille.

— Ah, salut, ça va ?

— Oui, ça va et vous, vous vivez dans le noir ?

— On se protège du soleil, quoiqu'il commence quand même à faiblir. Qu'est-ce qui t'amène ?

— En fait, Coco m'a appelée de chez vous tout à l'heure. Je me disais que ça faisait un petit bout de temps qu'on ne s'était pas vues. Je suis partie en vacances deux semaines. Dur, dur le retour…

— Tu la rates de peu, elle vient juste de partir.

— Mais sa moto est là ?

— Oui, elle l'a laissée et a dit qu'elle reviendrait la chercher plus tard, elle avait un truc à faire.

— OK.

Mais Vanille est une coriace, elle veut en avoir le cœur net et ne part pas.

— Tu v... veux boire quelque chose, entre, bredouille Vi, si sûre d'elle d'ordinaire.

— Oui, merci.

Elle s'installe dans la cuisine et le couple démoniaque s'assoit aussi. La télévision est en fond sonore. Je ne reçois qu'un murmure imperceptible.

V. est interpellée par un fait divers qui s'est passé dans la région. Sur la plage, échoué, on a retrouvé un cadavre avec la bouche cousue. Le poste de secours, puis la police sont intervenus rapidement, avant que des enfants ou des familles ne puissent assister à cette mise en scène abominable. Les premiers constats ont été faits par un médecin légiste : une femme, plutôt jeune, d'environ trente-cinq ans, est morte par noyade, plus tôt dans la journée.

Le crime remonte à quelques heures seulement. L'assassin lui aurait ouvert la bouche juste après pour la remplir de petits crabes, avant de la recoudre.

Les personnes présentes sur la plage ont été très choquées, la plupart d'entre elles étaient restées pour pique-niquer.

Il semblerait que le médecin ait trouvé un cheveu du meurtrier autour du cou de la victime, probablement arraché lorsqu'elle s'est débattue, ce qui peut révéler de l'ADN. Une chance inespérée de retrouver le coupable.

Les trois protagonistes, autour de la table, sont saisis de stupeur, pas pour les mêmes raisons cependant. Vanille boit son verre rapidement, et ne se sentant pas très à l'aise, se dirige vers la porte pour rentrer chez elle.

— Tu peux rester un peu si tu veux.

— Non merci, j'ai du boulot. Dites à Coco qu'elle passe me voir avant de repartir.

Néanmoins, V. est sur ses gardes, depuis le meurtre de Martine Cordoba dans la colline des environs. Avant de sortir du jardin, elle observe les lieux autour d'elle. Elle repère, comme je l'ai fait quelque temps avant, le sable et un set de couture…

Elle rentre chez elle et appelle immédiatement la police, mue par une intuition très forte et un don de clairvoyance transmis par ces ancêtres.

Toujours allongée sur le lit, j'entends leur conversation et je suis anéantie par mon impuissance. Que vont-ils faire de moi ? Ils ne peuvent pas me laisser partir, après ce qu'ils m'ont fait subir. Pourquoi V. est-elle partie si vite ? S'est-elle doutée de quelque chose ? Je commence à retrouver des sensations et mes mains, mes jambes, peuvent à nouveau remuer. Mais je ne dévoile rien car je ne pourrais pas encore aller bien loin.

Une dispute éclate au sein du couple pervers. Vi. reproche à O. sa négligence. Elle dit qu'il a laissé traîner des affaires compromettantes qu'elle n'a pas pu ranger en rentrant parce que j'étais là. Je ne sais pas de quoi elle parle…

Ils reviennent tous deux vers moi, me regardent de manière inquiétante et je comprends qu'ils ont réfléchi à mon dessein…

C'est lui qui a une idée qui m'horrifie.

— On pourrait t'emmener sur la plage, c'est rare que les flics passent en pleine nuit, j'ai trouvé l'inspiration dans un fait divers à Madagascar. Des touristes étrangers avaient été brûlés, ils étaient deux, et on avait retrouvé leurs corps calcinés. Certains évoquent une sorte de sorcellerie. Les Malgaches, comme beaucoup de peuples africains, sont très enclins à ce genre de choses.

Des histoires et embrouilles auraient éclaté au grand jour, au sujet d'organes indispensables à la survie d'enfants. Cauchemars ou réalité ?

— Ou bien, on avait pensé, reprend Violette, à te casser toutes les dents et t'enterrer vivante, en laissant juste dépasser la tête, couverte de miel afin de le faire manger par les fourmis, qui, au passage, te dévoraient aussi. C'est un supplice appelé le scaphisme, qui serait attribué aux Perses antiques. Mais c'est un peu long comme processus.

Délivrance

Pendant ce temps, des recoupements sont établis par la police technique, spécialisée en investigation criminelle et scientifique, entre l'analyse de l'ADN recueillie sur le cou de la victime noyée, la dénonciation de Vanille sur ce qu'elle a observé et son ressenti chez Olivier et Violette.

Elle a compris en retournant chez elle que le couple lui mentait, et ne me voyant pas revenir, alors que ma moto était là, elle a trouvé ça suspect…

Bruno, qui a été interrogé entre - temps, ne peut s'imaginer une chose pareille de la part de ses « amis », mais reste inquiet malgré tout car leur comportement avec sa famille n'était pas très « naturel » dit-il après coup, et paraissait « surfait ».

Une enquête de police a été effectuée dans le village des Pyrénées où Walid tenait un garage. Un meurtre atroce avait été commis non loin de là, mais il n'avait jamais été élucidé. Une femme d'une soixantaine d'années avait été scalpée et les gendarmes avaient retrouvé ses oreilles coupées près de son cadavre.

Le lien est plus que troublant, puisqu'il s'est passé sur une courte période correspondant à l'installation du couple.

De toute façon, les gendarmes ont assez d'éléments pour se rendre à l'appartement pour entendre les explications de ces deux monstres.

Tandis qu'un binôme de la brigade s'y presse, je ressens mon corps douloureux, mon anus semblant avoir été déchiré, mes mains pressées si fort qu'elles ont des stigmates rouges et violets, mes jambes lourdes sur le matelas. Je suis sale, je sens le sperme, la cyprine, je suis un déchet humain. Je ne montre toujours pas à mes tortionnaires que je suis à nouveau capable de bouger. Ils trouveraient divertissant de me prendre encore et encore, et même pire, me tueraient-ils ?

C'est alors que je crois entendre une sirène, lointaine, mais dont le son se rapproche. En moins de temps qu'il ne faut pour l'écrire, des coups frappent à la porte :

— Police, ouvrez !

Paniqués, mes ravisseurs se regardent et se consultent visuellement en quelques secondes. Leur moto étant stationnée sur un parking derrière chez eux, ils peuvent passer par la fenêtre de la chambre où je suis prisonnière. Je n'ai pas la force de bouger, je suis immobilisée, clouée sur le lit, non pas faute à la drogue mais à cause d'une terreur inévitable.

Je sais que l'on va bientôt me découvrir, je n'ose devancer ce moment, de peur qu'il ne se produise pas. Olivier et Violette sautent alors par la fenêtre, démarrent leur moto et détalent à toute puissance. L'un des gendarmes s'aperçoit de leur feinte, et d'un grand coup de pied mais quelques secondes trop tard, défonce la porte. L'autre gendarme court derrière la maison, mais les assassins sont déjà partis. Le premier entre, son arme à la main, craignant que quelqu'un ne l'attende à l'intérieur, s'il doit le maîtriser.

Il avance d'abord dans le salon, puis se dirige vers la chambre, dans laquelle je suis nue, tremblante de peur et de froid, quasi inconsciente car je suis sauvée. Mon esprit et mon corps me lâchent, je ne risque plus rien, je ne vais pas mourir aujourd'hui. Il se rapproche de moi, saisit une couverture pour la poser sur mes épaules et ne dit mot. Son collègue arrive très vite après lui, interdit devant le spectacle que nous lui offrons.

Cette équipe préviendra au plus vite le commissaire de police affilié à la brigade des affaires criminelles, mais malheureusement, aucun dispositif mis en œuvre ne permettra de retrouver ce couple d'assassins. Tous les deux se sont envolés, laissant derrière eux un océan de désespoirs, de vies gâchées de parents, de maris, d'enfants traumatisés, qui ne pourront jamais compenser la perte d'être (s) cher (s) et en faire le deuil.

Ce couple de meurtriers était très apprécié par ses connaissances ou amis. Il était impossible de les imaginer commettant des actes barbares. De nombreuses fêtes étaient organisées à leur domicile.

Olivier a le profil type du tueur en série, qui brouille les pistes en voyageant sur tout le territoire pour commettre ses actes inhumains. Malheureusement, tous les recoupements prouvant sa culpabilité entre les crimes n'ont pu être faits.

Aucune preuve n'a été prélevée sur les lieux où Jessica Silvestre ou les deux enfants ont été retrouvés. La police criminelle a établi néanmoins la forte probabilité que les criminels soient au moins au nombre de deux, pour entraîner les enfants dans la camionnette, et sans doute plus nombreux pour tatouer Jessica.

Violette serait sa complice, admirative devant son compagnon, lui reconnaissant le pouvoir suprême de tuer.

On a identifié Olivier comme étant celui qui a assassiné Martine Cordoba, en effectuant des relevés d'empreintes sur les leurres de corbeaux. L'ADN retrouvé sur la victime noyée lui appartenait également.

Quant à moi, j'ai été manipulée en sympathisant avec eux qui faisaient preuve d'une complète compréhension humaine. Je trouvais Olivier séduisant, se définissant dans ce besoin de plaire pour cacher une personnalité sinistre. Il a joué avec moi, faible proie facile, en tirant avantage de ses nombreux talents de comédien et de charmeur. Et j'ai une chance inouïe d'être encore en vie, contrairement aux autres personnes qui ont été tuées, pensant avoir à faire à un individu charismatique.

Je n'oublierai jamais ce que j'ai vécu, le traumatisme, la honte, la douleur, la culpabilité. Cela étant, je remercierai mon amie Vanille chaque jour de ma vie, pour avoir été vigilante et observatrice, et pour avoir pris l'initiative d'alerter la police, sur le peu d'éléments tangibles dont elle disposait. Aujourd'hui, je fais une psychanalyse, qui me permet de me reconstruire un peu chaque jour.

L'enquête effectuée dans les Pyrénées révélera que lui a eu une enfance trouble et violente.

C'était un enfant unique, maltraité par ses parents qui habitaient dans un petit hameau de montagne, composé de trois maisons appartenant à la même famille. Son père, victime de mauvais traitements, a reproduit le schéma pendant des années, sous les yeux de sa femme, incapable de réagir car elle craignait son mari. Celui-ci a été retrouvé noyé au fond d'un puits, lorsque Olivier était encore un jeune homme. Lorsqu'il avait une dizaine d'années, il reçut une casserole d'eau bouillante sur le visage et les yeux, avant que son père, sous le regard horrifié de sa mère, ne lui plonge la tête dans une cuisinière à bois.

Il a été porté disparu par ses parents, qui, ne voulant pas être dénoncés, l'ont déposé au centre hospitalier de Tarbes où il séjournera plusieurs mois, dans d'atroces souffrances physiques et psychologiques. Cet épouvantable fait l'a marqué à vie, et il est devenu le tueur en série psychopathe le plus recherché de France.

La technique du « profilage » (ou analyse criminelle et comportementale) a permis d'étudier notamment le mode opératoire utilisé pour commettre le crime, et réaliser des rapprochements entre différents homicides imputables à un même individu. La « signature » d'Olivier a été identifiée : il s'agissait de défigurer ses victimes, se vengeant sur ce qui lui avait été fait, en les tatouant, en leur enlevant les yeux, les oreilles, en leur cousant la bouche, et toutes autres atrocités. L'agression sexuelle de Jessica S., puis la mienne, révèle une motivation issue de fantasmes et un passage à l'acte d'une extrême violence sexualisée.

Le journal *La Provence* dévoile que « le profil de l'homme correspond à un tueur itinérant, qui sillonne les routes de France. Avec Violette, sa complice, ils forment une véritable équipe meurtrière.

Elle a servi d'appât ou de déclencheur psychologique à l'accomplissement des sombres desseins de son partenaire. Dans ce couple, chacun révèle le pire de l'autre ».

Depuis leur fuite, aucun crime n'a été signalé, plongeant le pays dans la peur de se retrouver face à face avec ce couple satanique.

Imprimé en Allemagne
Achevé d'imprimer en mai 2022
Dépôt légal : mai 2022

Pour

Le Lys Bleu Éditions
40, rue du Louvre
75001 Paris